頭ではわかってるんだけど、
やらないんだよね～

肥えグセが吹っとぶ
やせるストレッチ

変わりたい。

今よりやせれば、かわいい服が着られて、
自分にもっと自信がついて、
恋も仕事も充実して人生変わるのに。
やせるために毎日運動するぞ！ って決めて、
ごはんもダイエットメニューに切り替えればいい。
でも、頭ではわかっているのに、実際はやらない。
やっても続かない。
そんな自分にいつもガッカリしてしまう……。

でも、大丈夫。

Introduction
変わりたい。

私もかつては、そうでした。
だけど、本当に「変わる!」と決めて
今までとやり方を変えたら、ちゃんとやせて
人生がどんどん動き出す!
生まれ変わったように、毎日が楽しく
輝き出しました。
日々の生活のなかで変えたのはほんの少しだけ。
ストレッチ10分、食生活1割。
それでも必ず変われるのが千波式ダイエットです。
あなたもぜひ、体験してみてください。

千波

Contents

8万人のフォロワーをもつインスタダイエッター☆

いーちゃんの場合

Change 03

マッサージで変わる

Change 04

食べ方で変わる

Mind Care

まずは、自己紹介から。
女性たちを幸せにするために
ダイエットの指導をしています。でも……

Diet history
01
低迷期

はじめまして、千波です。
ダイエットに成功したとき、キレイになったとき。女性は幸せを感じます。一人でも多くの女性に幸せになってほしい──そんな想いで、ダイエット・美容の指導やセミナーを行っています。
でも。
昔の私は、そんなこと考えられませんでした。まわりと比べて、うちはこう。あの人苦手、この人のせい。だから私は何をやってもダメ、ダメ、ダメ!
グチや文句ばかりいってしまい、友だちにつけられたあだ名は「ネガティブ代表」。そんな自分が大嫌いでした。

age

- 18 初ダイエットに挑戦！

54kg

ニキビだらけで顔色も悪く、体型もぽっちゃり。現状に満足せず、感謝の気持ちもなく、閉じこもってばかりいました。この頃、体重54kgくらい。身長は158cmだから太りすぎではありませんが、カッコ悪かった。そんな自分が大嫌いで、極端な食事制限に走ります。1年で20kg落としたものの、体の調子は悪く、気分は最悪、トゲトゲイライラしていました。

33kg

- 19 17キロのリバウンドを経験

栄養図鑑を片手に食事制限を徹底したので、頭のなかは食べ物とカロリーのことだらけ。目標もなく、ただ「やせれば変われる」と思い込んでいました。だけどやせてもちっとも幸せじゃない。そのうえ、いつも調子が悪い。けど、食べると太るから食欲を押さえ込み、ついにストレスが頂点に達します。暴飲暴食で、17kgもリバウンドしてしまいました。

50kg

- 20 エステティシャンの仕事を開始

初社会人としては、エステティシャンの仕事に就きました。けど、この頃は女性たちを美しくすることにそれほどの情熱もなく、仕事のストレスから今度は食べられなくなり、42kgまで落ちてしまいました。その後も体重はアップダウンをくり返し——原因はストレス、メンタルにあることに、気づきはじめます。

誰よりも不幸せだと思っていたから響いた、
「人生は振り子」という言葉。
マイナスが強いほど、幸せになれる。

Diet history 02 生まれ変わり期

仕事もプライベートも行き詰まって、まさにどん底──もう、私、いなくなってしまいたい。生きていたって、いいことなんかない──。そんなふうに思って何もかもイヤになってしまった人生どん底の日の朝、自分がその日にパーソナルトレーニングの予約を入れていたことをふっと思い出しました。「ドタキャンは、悪いよね」。そんなふうに思って、トレーニングする気分ではないまま、約束の場所に向かいます。今から思えば、そういう考え方も、自分を追い詰める一因だとわかります。でも、このときは結果的に行ってよかった。そこで思ってもみなかった、ある"気づき"があったからです。

Parting

age

- 24

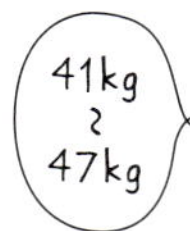

「引き寄せの法則」と出会う

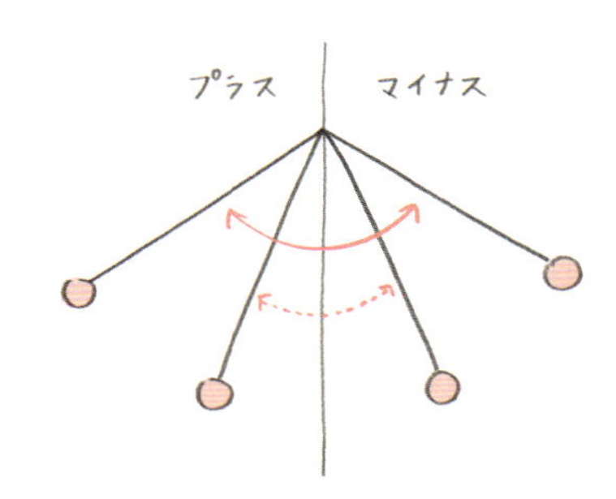

「引き寄せ」とは「すべての出来事は自分が望んだから起こる」という考え方です。つまり「私は変われる」と思えば「変われる」し、「幸せになれる」と思えば「幸せになれる」。
ジムのオーナーさんに、その日教えてもらったのは、この「引き寄せの法則」でした。「自分の不幸は自分が引き寄せている。1回本気で考え方を変えてみたら?」とアドバイスをいただき、1冊の本を貸してくれました。

私を変えた言葉。「人生は、振り子」

その本に「人生は振り子。マイナスが強ければ強いほど、考え方を切り替えれば誰よりも幸せになれる」と書かれていました。もしかして私、すっごく不幸だったから、これからはこれ以上ない幸福に恵まれるんじゃない!?
──結果的に、これが私の「引き寄せ」になりました。詳しくはP.12に書いています。

引き寄せを体感

理想の人生を生きるための本を読み、セミナーで勉強して、「引き寄せ」を実感できるようになりました。すると、どんどん夢が現実に変わっていきます! そして心も安定し、体型コントロールができるようになったのです。穏やかな自分を手に入れ、ダイエット地獄からやっと解放されました。心とダイエットがつながっていることを体感したのです。

モチベーション次第で、
理想の体型も人生も、
どんどん叶えていくことができる！

Diet history 03 プラスに変換期

「引き寄せ」を知り、実際に体感することで、ネガティブな私が消えていきました。それにともない、不思議なことに、あれだけ変動の激しかった体重もすっかり安定してきたのです。
気持ちが安定すると、食べ方も安定します。ストレスで食べられなくなったり、逆に食べすぎたりすることがなくなるからです。
同時に、食べ物への執着からもすっかり解き放たれ、リバウンドすることもなくなりました。
やがて自分の経験を多くの女性へ伝えたいという気持ちが芽生えはじめました。今はダイエットセミナーで全国を飛びまわる日々を送っています。

age

25 トレーナーとしての仕事開始

私の人生を変えるアドバイスをくれたのは、加圧トレーニングのジムオーナー。私もダイエットや美容にかかわる仕事がしたい！ パーソナルトレーナーへの道に進みました。

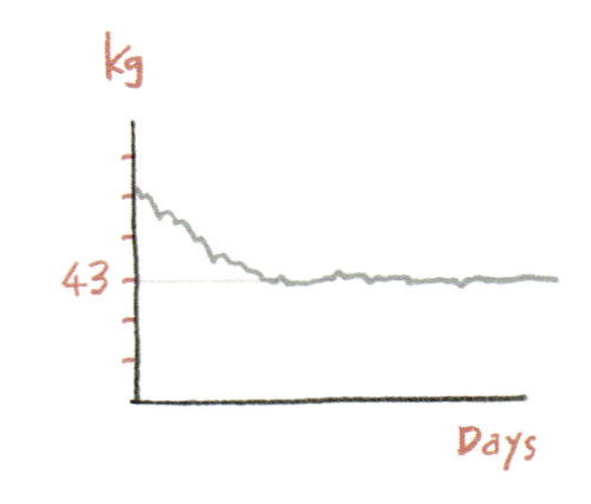

26 マインドダイエットの大切さを広める

その後、自分の実際の体験と加圧ダイエットの指導の経験から、ダイエットには何よりもメンタルが大切だということに思い至り、マインドを整えながらダイエットを成功へ導く「マインドパーソナルトレーニング」の教室を主宰。「予約の取れないパーソナルトレーニング」といわれるようになり、来たらハッピーになれる、元気になれる教室として、口コミや紹介により、広まっていきました。

27 全国でセミナーをはじめる

いいことが起こると、それがまた別のいいことを引き寄せ、私のまわりはどんどん幸せになっていきました。そこで、この想いや体験を一人でも多くの女性に伝えるために、全国セミナーをはじめたのです。きちんとやればやせるってわかっているのに、できない人のどれだけ多いことか！ それは「やせなきゃいけない」状態を引き寄せてしまっているからです。そのことに気づくだけで、きっと誰でもいいほうに変わることができるはずです。

自分はリモコン

プラスの周波数に合わせれば、取り巻く環境もプラスに！

ダイエットの成功を引き寄せる、とっておきの方法をお伝えしましょう。それは**「自分はリモコンで、モニターは自分の未来」**と認識することです。

リモコンで8チャンネルを選べば、テレビのモニターは8チャンネルを映します。つまり、自分がポジティブのチャンネルを選べば、モニターはポジティブな自分の未来を映し出すのです。

今とっても不幸で、苦しい、自分のことが嫌いだ、と思っている人は、逆に大チャンス！　だって、**「人生は振り子」**なのですから。今ツライ、苦しいぶん、未来は楽しく明るいものになるはずです。

ダイエットも、そう。「私は変われる」「やせられる」。そういうチャンネルを押せば、モニターには生まれ変わった自分、やせてキレイになった自分が映し出されます。だけど、間違えて「どうしても、やせたい」「やせられない」のチャンネルを押してしまうと「やせたいのにやせられない」、変われない自分が映し出されてしまうのです。

例えば朝寝坊して、メイクも決まらず髪も爆発、その上電車が遅れて会社に遅刻。上司に怒られ、彼とのデートも散々で、最後はケンカ。これは朝起きたときに「寝坊したから、もうダメだ」とネガティブのチャンネルを選んでいるからです。

どうか、マイナス、負にとらわれすぎませんように。**どこかでポジティブに転換してみせる、**そう思って身近な「いいこと」を探してみましょう。「大丈夫、私は変われる。今までの自分とはさよなら」。そう思うことで、ダイエットの成功も引き寄せられます。

「やせたら1億円もらえる」。これでやせない人はいません。

私がよくダイエットセミナーでお話しするのは「1キロやせたら1億円もらえる。3キロやせたら3億円。そう考えてみてください」というたとえ話です。皆さんなら、どうですか？

これは実は、やせることの目的ってなんですか？というお話です。本来、やせたいのはキレイになりたい、幸せになりたいからであって、やせることそのものが目的ではないはず。ところが必死になってやせようとするあまり、手段と目的が入れ替わってしまい、強く思い込むことで「やせたい」自分を引き寄せてしまっている人が多いのです。

最初の話に戻ると、例えばやせる目的がやせて手に入るもの、つまりこの場合は1億円や3億円だったと

したら。どう使おう、何しよう？　そんなワクワク感があったら、ダイエットをやらないほうが難しい。そう思いませんか？

ダイエットの成功って、実はそんなところからやってくるもの。けれども、皆さんがダイエットをがんばるモチベーションにしがちなのは「やせないと、マズイ！」という、追い込み型の考え方なのです。「やせたい、やせなきゃマズイ」。こう思い込むと「やせたい、やせなきゃマズイ」状態の自分を引き寄せることになります。結果、なかなかキレイにやせられず、つねにダイエットや制限にまい進し、数字に振りまわされる自分になってしまいます。

あなたがやせて手に入れたいものは、なんですか？「ビキニが着られる自分」「ポニーテールの似合う小顔の私」。そういう自分を上手にイメージするクセをつけましょう。そうすれば必ず、やせてキレイになった新しい自分に出会えるはずです。

「ダイエットは明日から……」そんな肥えグセが吹っ飛ぶ

4つの モチベーション・チェンジ

P.18〜

Change 01

• 10 minutes image •

10分イメージで変わる

1日たった10分でも、10日で100分、1か月で300分。3か月経ったとき、0の人と15時間分の蓄積がある人とではどう違うかをイメージし、やる気を目覚めさせます。

P.30〜

Change 02

• Stretch & Exercise •

ストレッチ＆エクサで変わる

体を動かすと自然と心も活動しはじめ、自分に手をかけてあげることへの意欲がわいてきます。体の可動域を広げることは心の可動域を広げることでもあります。

P.72〜

Change

03

Massage

マッサージで変わる

今の自分がイヤで目を反らしたい。そんなマイナスの感情でいっぱいになると、自分をぞんざいに扱ってしまいがち。1日に少しだけ、自分をさわるクセをつけていきましょう。

P.102〜

Change

04

Food

食べ方で変わる

ストレスが食に出やすい人は、どうぞ食べてください。ただし食事内容をほんの1割だけチェンジしてみましょう。たった1割でも、今のあなたをつくる10分の1が変わります。

CHINAMI
Diet!

♥

Change 01

10 minutes image

10分イメージで変わる

何もしなかった自分と、1か月間毎日10分を積み重ねた自分を
具体的にイメージするワークです。
ダイエットにいちばん効く、ビジョンのもち方をお話しします。

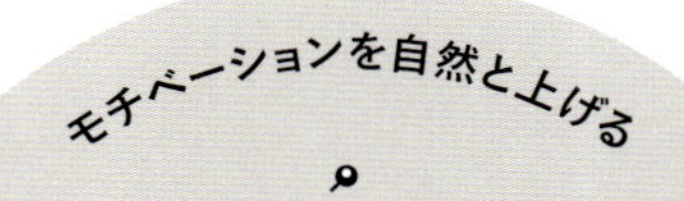

10 minutes image

想像してみよう

毎日10分のストレッチを
1か月続けた自分

何もしなかった自分

1か月後、体はどう変化する?

2章で詳しく説明しますが、ストレッチ5分とエクササイズ5分が基本メニュー。この10分に取り組んだ1か月後の自分とやらなかった今のままの自分。それを選べるのは自分だけです。

その差、たった10分

1か月後の自分は今日の10分の結果です!

ダイエットで結果を実感しはじめるのは、個人差もありますが、早い人で3か月目くらいからです。ただし、3か月間何も変化がなくて3か月後にいきなり変わるというわけではありません。結果というのは、数字に現われない微小な変化の積み重ね。1日10分を続けていけば、むくみが改善された、肩こりがラクになった、脚が以前より開くようになった……ちょうど1か月目くらいには、クライアントさんからそんな声が上がりはじめます。

そうすると楽しくなって、2か月続けた頃には鎖骨がくっきりしてきたり、腕が細くなりはじめたり。3か月後の自分は、どんな自分? そう考えるだけでワクワクしてきませんか?

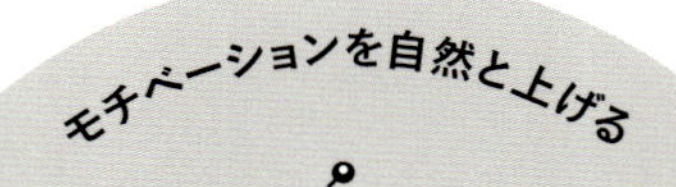

10% food change

毎日何を食べていますか?

ここから10%だけ
食べるものを変えてみよう!

1か月後、体はどう変化する?

千波式ダイエットでは「食事制限」は禁止です。やせたいなら、食事は「変える」のが正解。今日のあなたをつくっているのは昨日までの食事。食事を変えればあなたが変わります。

＼みんな、5割変えるから失敗するんです！／

たった1割変えるだけで、1か月後には1cm変わる

食事はとても大切で、メンタルとも結びつきが強いものです。「あれダメ」「これダメ」といわれ続けて、しょんぼりしない人はいません。しょんぼりしていたら、ダイエットに成功しないことは、すでにお伝えしたとおりです。だから**千波式ダイエットでは、今の食事から1割程度の食事の見直しにとどめてもらっています。**

ご飯の量を1割減らす、週に1度はパンを止めて豆腐などにする、1食分は糖や脂質の低いものを食べる、ジュースを減らして炭酸水にするなど、方法はたくさんあります。

まず1週間分の食事を書き出してみましょう。そして**どこに1割改善の余地があるか**を探ります。例えば1日で糖質を10ｇ減らしたら、1か月で300ｇ（約丼4杯分）減ります。丼4杯食べた体と食べない体とでは、差がつくのはイメージできますよね。

CHINAMI
Diet!

モチベーションの保ち方 1

他人の“正解”と比べない

報われ方も十人十色

SNSのダイエッターを見て憂うつになったりしていませんか？　たとえ同じダイエットを同じ期間、同じようにやっていたとしても、**環境も性格も体質も違うのだから、同じ結果が出るはずはありません。**「あの子は5kgやせたのに、私はたった1kg」と嘆(なげ)いたところで何の意味もありません。それよりは今月1kgやせられたんだから、来月もやせられるかも！　と明るい未来を想像したほうが、気持ちも明るく、前向きに取り組めます。体重はあまり変化がないかもしれませんが、体脂肪は？　ウエストサイズは？　**結果の現われ方も人それぞれ。**努力は必ず、どこかで報われています。

モチベーションの保ち方2

“たった1度”をクヨクヨしすぎない

過去は誰にも変えようがない

たった1度、ケーキバイキングに行って心ゆくまで食べてしまったとします。そのことにとらわれてクヨクヨして、ダイエットそのものを止めてしまう人も少なくありません。

でも、ちょっと待って。**そのケーキが脂肪に変わるには、実は2日かかるのです。**だとしたら気持ちを切り替えて、2日のあいだの運動量を少し増やしたり、食事の量を調整したりすれば大丈夫。台無しになることはありません。

後悔するのではなくこれからどうするかが大切で、そのほうがずっと前向きに取り組めます。**あなたが生きているのは「今」、変えられるのは「未来」です。**

モチベーションの保ち方 3

“やせられなかったらどうしよう”を捨てる

未来の自分を変えるのは今の自分

ネガティブになっていると「仕事が忙しいからやせられない」とか何かしら理由を見つけて、頭ではわかっているけどやらない状況をつくり出します。起こってもいないことを想像してどうなるかわからない未来をムダに心配するよりも、1～2kg体重が減った1か月後の自分を想像しましょう。そしてそのために**今日やるべき10分のストレッチ&エクササイズ**をしっかりとこなし、**食事の1割を改善す**べきです。

「**未来**」を変えられるのは、「**今**」の自分だけだということを、ぜひ覚えていてください。

モチベーションの保ち方 4

"あれ、ダメ"
"これ、ガマン"を手放す

食事は足し算で！

ストレスで食べたり、太ったり。まさに、昔の私です。食事は気持ちと結びつきやすいので、**メンタルが安定していないと食事も不安定**になります。とくにストレスは食欲増進ホルモンを刺激するので、暴食から肥満を招くことにもなりかねません。

「あれ食べちゃダメ」「これは禁止」という引き算の考え方は非常に危険。それよりも「たんぱく質をもう少し取ろう」「葉野菜とキノコを増やそう」と**足し算**で考えてみて。そうすれば**気持ちが満足するだけでなく満腹中枢も刺激される**ので、余計なものは食べられなくなります。

モチベーションの保ち方 5

数字にとらわれない

体重が気になるなら測らなくてOK

一時期流行った「レコーディングダイエット」。これには**向き不向きがある**と、私は思います。実をいうと、私は苦手。たいして減ってなくても、ちょっと増えていても、「もうダメだー！」とストレスになってしまうからです。

女性の場合、生理前や生理中は、子宮の内容物が変化するため、体重が増えます。それは**自然の摂理**です。朝に比べて夜のほうが増えているのも同様です。

コントロールしようと思ってもムリなものはムリ。それでも数字が気になるならいっそのこと、体重計は片づけてしまいましょう。大丈夫、**結果は見た目に必ず現われます。**

モチベーションの保ち方 6

現状を把握して認める

経過をときどき実感してみる

自分の体をたまには撮影してみたり、裸を鏡に映してみたり。実はこれ、とても大切なことなのです。

少しずつの変化でも、意外と見た目に現われているものです。変化を実感すればモチベーションのアップにつながります。1週間あるいは1か月に1度など、自分を見つめる時間を大切にしましょう。

また、ダイエット中の体の変化には、むくみが改善された、体がやわらかくなったなど、**数字で測れないものもたくさんあります。**まずは自分の気持ちとその結果を感じ取れる自分でいてあげてください。

CHINAMI
Diet!

♥

Change 02

Strech & Exersise

ストレッチ＆エクサで変わる

体の使い方は、人によって違います。
クセがあって、かたよっていて――それが、個人差です。
例えば、硬いままの状態でエクササイズをしても、効果は半減。
それならストレッチで可動域を広げてから
エクササイズを行ったほうがずっと効果的です。

Stretch & Exercise

しなやかで やせやすい体へ

ストレッチだけじゃ、やせないでしょ?
はい、そのとおりです。
では、なんのためにストレッチをするのでしょうか。
それは、エクササイズと
日常生活で得られる脂肪燃焼の効果を、
最大限に引き出すためです。
実は体が硬いがゆえに
ムダ肉が乗っかりやすくなって
スタイルを崩している人って結構多いんです。

体の可動域が
広がって
動きやすくなる
アクティブになって
いい感じ♪
やらないと
気持ちわるーい
めぐりがよくなる
やればやるほど
体が軽い!
トイレに行く
回数が増えた!
気持ちいいと
続けられる♡
"むくみ"が
とれる

やせるストレッチHOW TO

ストレッチで「やせスイッチ」ONにして エクサで「細BODY」につくりかえる

ストレッチ→エクサの順番か、あるいはストレッチだけを行います。
この本で紹介するのは4つの部位。
1日1部位ずつでもいいし、1週間肩甲骨に集中してもOK。
もちろん、ムリなくできるなら、何箇所行ってもかまいません。

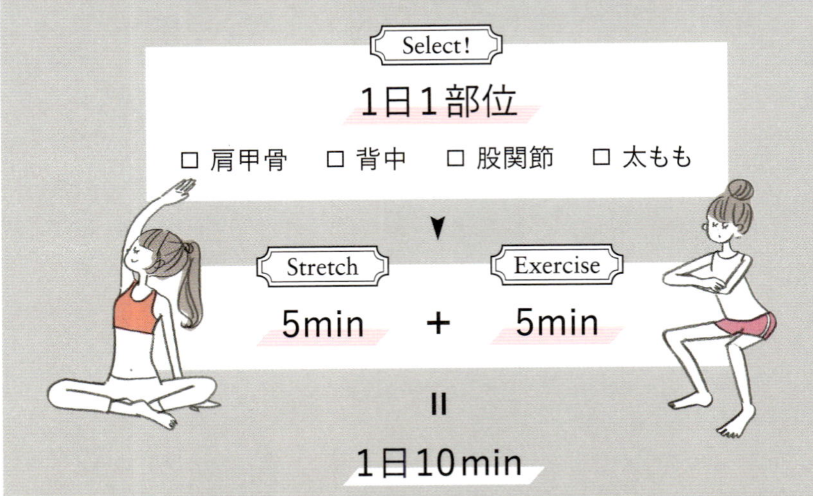

1回たった10分だけ、自分の体に手をかけてあげてください。
知らなかった弱点はもちろん、思わぬチャームポイントも知る
ことになるかも。

Q1 体が硬いのでストレッチができるかどうか心配です。

A1 気持ちいいと感じるところで止めて大丈夫です

顔や性格が一人ひとり違うように、柔軟性にも個人差があります。また、同じ人でも部位によっても違います。股関節がやわらかい人が肩関節は硬かったり、全身やわらかかったり全身硬かったりと、さまざまです。

ストレッチは「ここまでならできる」「ここが気持ちいい」という“感覚”で止めて大丈夫。やりすぎると筋肉や関節、腱などを傷めてしまうこともあるので注意しましょう。

Q2 ストレッチだけをしたいのですが、ダメでしょうか？

A2 ダイエットしたいなら合わせて行うのがおすすめ

ストレッチは気持ちいいけど、エクササイズはツライからイヤ、という人もいます。ストレッチだけでも体にはいいのですが、目的がダイエットとなると、とてつもない時間がかかります。できれば合わせて行ってください。

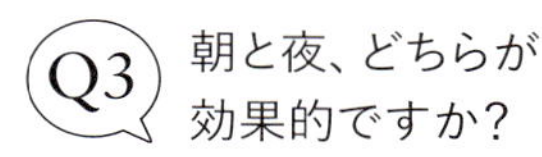

Q3 朝と夜、どちらが効果的ですか？

A3 いつ取り組んでもかまいません

これはよく聞かれることですが、1日10分時間が取れるところで行えば、それで十分。「朝やらなきゃ」「夜のほうがいい」と思い込むと、その時間にできなかったときにストレスになってしまいます。それくらいなら、1日のうちで10分取れる、好きな時間帯に取り組んだほうがずっと効果的です。

とはいえ、朝やることで1日の代謝量がアップするのは本当。朝運動すると、午前中のトイレの頻度が高くなったり、体が温まったり、いいこともたくさんあります。いっそのこと毎日10分だけ早起きして、チャレンジするのも気持ちいいですよ。

同時に、「毎日やらなければダメですか？」と聞かれることもありますが、習慣化したほうがラクだから“1日10分”といっているだけで、週に2回程度でも、そのぶんの変化は必ず現われます。とくに今まで運動したことのない人ほど効果は出やすいので、目一杯期待して取り組んでみてください。

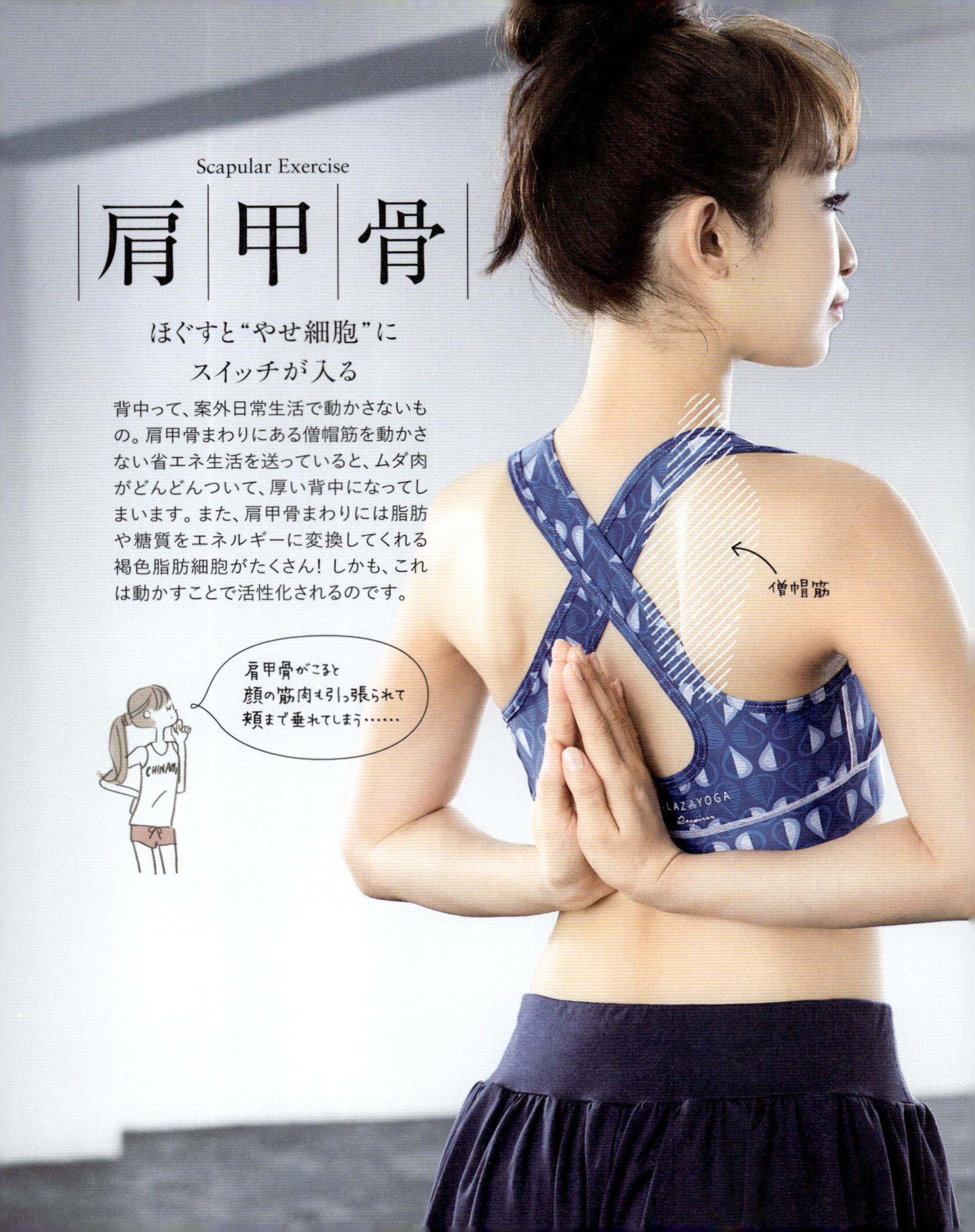

Scapular Exercise

肩甲骨

ほぐすと“やせ細胞”に スイッチが入る

背中って、案外日常生活で動かさないもの。肩甲骨まわりにある僧帽筋を動かさない省エネ生活を送っていると、ムダ肉がどんどんついて、厚い背中になってしまいます。また、肩甲骨まわりには脂肪や糖質をエネルギーに変換してくれる褐色脂肪細胞がたくさん！ しかも、これは動かすことで活性化されるのです。

肩甲骨のやわらかさ Check

Check 1 背中で合掌

背中の中央で、合掌できますか？ 最終目標はてのひら全体を合わせられるようになること。左右どちらかに寄らず、きちんと背骨の上で合わせられるかも、チェックします。

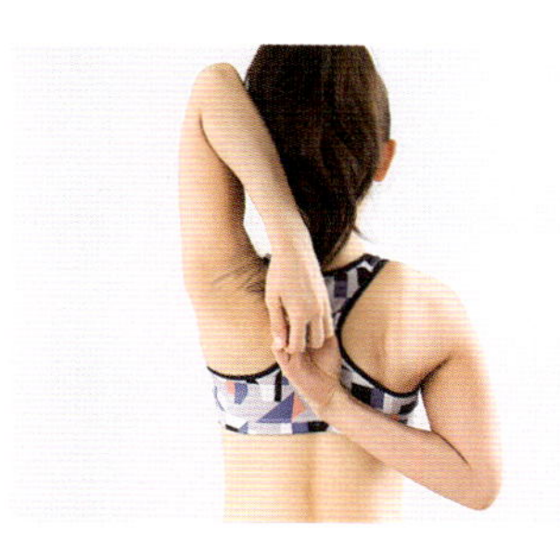

Check 2 背中で握手

片手は肩の上から、もう片手はウエスト側から背中にまわします。第二関節どうしでがっちり握手できれば合格。左右差が出やすいチェック項目です。できるけどやりにくいという場合もあります。

Check 3 くるっとタオルまわし

タオルの両端をもって頭の上にひじを伸ばしてもち上げ、その腕を後ろにまわしてお尻のあたりまで下ろします。左右の肩が均等にぐるっとまわるかどうかも、合わせてチェックしてください。

Scapular Exercise

肩甲骨ストレッチ 1

背中のお肉よ、サヨナラ♪ はばたきストレッチ

パソコンやスマホに向かう時間が多いと、肩甲骨が開きっぱなしになりがち。開いて閉じてをくり返して、ストレッチします。

立っても座ってもOKです!

Step 1 顔を正面に向け、腕を左右に伸ばす

Point

目線は大事!

まっすぐ前を見ているだけで、背筋がピン! となる効果があります。上向き下向きに注意して。

Step 2 左右のひじを ウエストまで引き寄せる

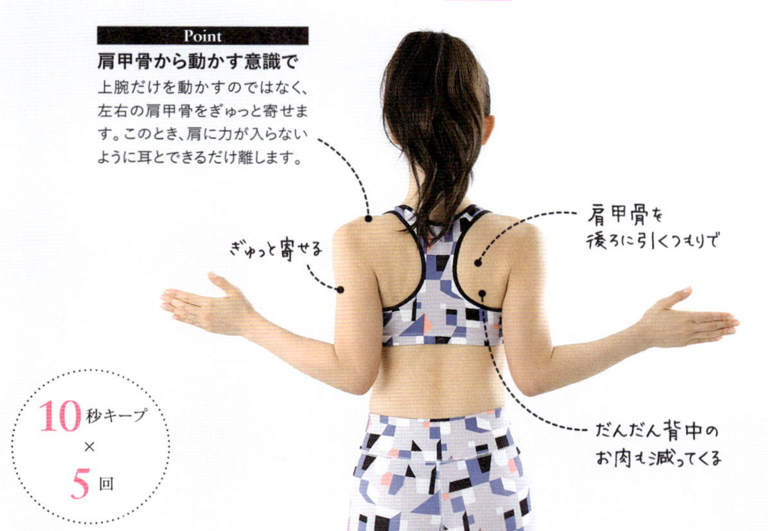

Point

肩甲骨から動かす意識で

上腕だけを動かすのではなく、左右の肩甲骨をぎゅっと寄せます。このとき、肩に力が入らないように耳とできるだけ離します。

肩こりも解消
しやすくなります。
オフィスでもおすすめ。

やせコツ

CHINAMI's method

毎日意識して動かそう

肩甲骨の柔軟性が低いと、姿勢や肩こり、背中と二の腕の太さなどに悪影響が出ます。こりやすい部分だからこそ、毎日意識して動かすことでほぐれやすくなります。また、同時に、変化も感じやすく、効果の高い部位です。ほぐれる心地よさを感じるつもりで、気軽に取り組んでみてください。

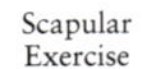

アップダウンストレッチ

肩甲骨を上下に動かす

意識的に動かすことで、肩こりも解消しやすくなります。オフィスでもおすすめ。

Step 1 ひじを曲げて両手の指を肩先に乗せる

目線はまっすぐ前を見る✧

ひじは自然に開く

肩の高さは左右均等に

Point

力を入れすぎない

ひじを上に動かすとき、肩に力が入りやすくなります。ムダな力をぬいて、耳と肩は適切に離したままで動かします。

やせコツ

CHINAMI's method

♥

地味だけど、腕にも背中にも効く!

肩甲骨は背中にありますが、実は腕のはじまりでもあります。つまり、肩甲骨をよく動かせば、背中だけでなく二の腕やせも実現するのです。この動きは、地味ですが、地味なことに意味があります。大きく動かすと、僧帽筋や首を鍛えてしまうからです。肩や首には力を入れず、肩甲骨を上下に上げ下げするのが、腕と背中に効かせるコツです。

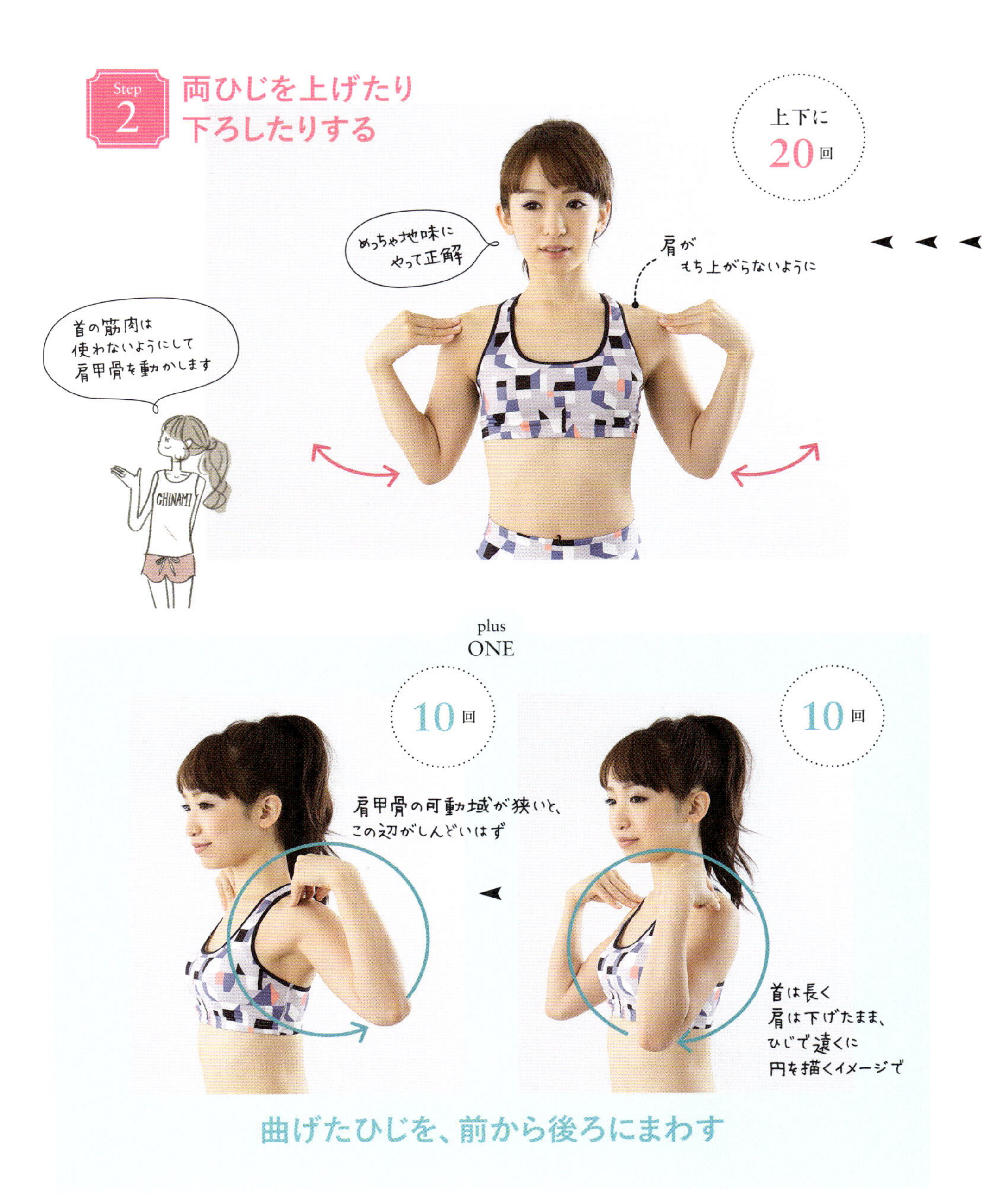
Step 2
両ひじを上げたり
下ろしたりする
上下に 20回
めっちゃ地味に
やって正解
肩が
もち上がらないように
首の筋肉は
使わないようにして
肩甲骨を動かします
CHINAMI
plus ONE
10回
10回
肩甲骨の可動域が狭いと、
この辺がしんどいはず
首は長く
肩は下げたまま、
ひじで遠くに
円を描くイメージで
曲げたひじを、前から後ろにまわす

Muscle Exercise
肩甲骨
背中および二の腕の引き締め効果を狙ったエクササイズです。
お尻まわりのお肉をかきわけてから座ると坐骨に軸ができて骨盤が立ちます!
あぐらが安定します!
Step 1
両腕を軽く開いて斜め後ろに伸ばす
20回
1、2をくり返し行ってください。
背中、ムギュ～
二の腕やせに、効果絶大!
Step 2
左右の手の指先がふれ合うまで近づける
指先をキチンとそろえて

目線はまっすぐ✧
Step 1 両腕を後ろにまわして手を組む
背中が丸まらないよう注意して
Step 2 組んだ手を徐々にもち上げる
20回
1、2をくり返し行ってください。
Point
タオルを使ってもOK
両手をお尻の後ろで重ね合わせるのが理想ですが、届かない人はタオルやハンカチを使ってもOK。心配しなくても、ストレッチを続ければ、背面で重ね合わせられるようになります。
肩甲骨をぎゅっと寄せるように
上がるところまででOK

Back Exercise

背中

背中のタテ線、ほしくないですか？

背中の筋肉、広背筋は、かなり大きい筋肉です。つまり、ここを鍛えることで、全身の代謝はグンとアップすることに。脂肪が燃焼しやすく、やせやすいからだになります。とくに、肩が内巻きになっている猫背の人は姿勢が前のめりになりやすく、腰まわりにお肉がつきやすいもの。広背筋ストレッチは、ウエストのサイズダウンにも効果的です。

こんな背中になってない？

Check

背中が硬くてカチコチだと、
腰まわりにもお肉が
つきやすくなります！

Check 1 猫のポーズで背中をグーッと反らす

四つばいの姿勢から、お尻を天井に向かって突き上げ、両手を前に滑らせます。胸がぺったりと床につくまで伸ばし、そのまま背中を反らせるようにしてキープ。

Check 2 ねじりのポーズで背中のしなやかさをチェック

脚を投げ出した長座の姿勢から、左脚のひざを曲げて立て、右ひざの向こう側に足を置きます。左ひざをひじで押して体をひねると、どこまで後ろが見えますか？ 右も同様にチェックします。

Back
Exercise

背中ストレッチ 1

美しいバックラインをつくる しなやか背中のストレッチ

猫背の人は、背中の硬さが全身に波及してスタイルが悪くなっていることがあります。しっかり伸ばしましょう。

Step 1 両ひざをついて四つばいになる

ひざはお尻の真下に

手は肩の真下に

つま先立てて

Step 3 左腕を背中のほうへ倒していく

Step 2 右肩を床につけて、左腕を上に上げる

Step 1 両手両ひざをつき、四つばいの姿勢になる

Point

背中を徐々に曲げる

背骨をひとつずつ動かすように、しなやかに丸めるようにしましょう。

背中シャキン!

背筋がのびーるストレッチ

意識せずにふつうに生活していると、
体はどんどん前かがみになってしまいます。
ストレッチでピンとした
背中を取り戻しましょう。

CHINAMI's method

背中は全身とつながっている

背骨は、本来のしなやかで健康な状態なら、自然なS字カーブを描いているのがふつうです。けれども、日常生活のなかで使い方がかたよっていたり、猫背がクセになっていたりすると、柔軟性を失ってしまい、全身のバランスが崩れ、代謝が低下し、ぽっこりお腹の原因になります。逆に、背中がほどよくやわらかいと、全身のしなやかさの基盤となります。

1→2を5回、くり返しましょう。

10秒キープ

Step 2 背中をゆっくりと反らす

Point

足指をほぐすつもりで

パンプス派は裸足でも指先が丸まったままになりがち。足の指で床をつかむ感覚を鍛えると、血行不良の改善にもなります。

Muscle Exercise

背中

背面の筋肉は、日常生活で使われることがあまりないので、ここでしっかりと動かします。

Step 1 うつぶせになる

Point

腕は自然に力をぬいて

腕は肩と同じ高さで横に広げ、ひじから先を直角に曲げて前方へ。肩に力が入りすぎないようにします。

Step 2 背中を反らす

1、2をくり返し
行ってください。

Coxa Exercise

股関節

ヒップアップ、
脚やせに効果絶大!

股関節まわりには腸腰筋、臀筋、脚の筋肉群など大きな筋肉がたくさんあり、主に両脚を動かしています。ここを鍛えることで下半身やせ、脚やせの効果が期待でき、スポーツや歩行中のケガの予防にもつながります。

肥えやすい体は
可動域の
狭さからはじまる！

股関節のやわらかさ Check

Check 1 しっかり脚を広げて太ももを床と平行に

脚を腰幅の2倍くらいに広げて立ち、ひざを両手で押し広げながら、太ももと床が平行になるまでお尻を下ろしていきます。左右差もよくチェックしましょう。

Check 2 腸腰筋をしっかりと伸ばす

脚を前後に広げ、腰をまっすぐ落としていきます。前の脚はひざを90度に曲げて、後ろの脚はできる限り伸ばしましょう。逆もよくチェックしてください。

しなやかな下半身をつくる 股関節ゆるゆるストレッチ

硬くなった股関節まわりの筋肉がほぐれると、ヒップと太ももが引き締まりやすくなります。

Point

足首を立てる

足首を曲げてつま先を立てることをフレックス、足首とつま先をピンと伸ばすことをポイントといいます。フレックスとポイントでは使われる筋肉が違いますので、必ず指示どおりに行ってください。

Step 2 ゆっくりと前に倒す

plus ONE

お尻の肉を後ろにかき出すように

Point

座るときは骨盤を立てて

坐骨を下にして骨盤を立てるようにして座ると、お腹が引っ込むようになります。逆に、骨盤が寝てしまうと、ぽっこりお腹の原因に。ふだんの生活でも意識してみましょう。

Coxa Exercise
股関節ストレッチ 2

シルエット、すっきり✦

リンパの流れがよくなるストレッチ

股関節まわりにはたくさんのリンパ管が集まっています。ここをストレッチすると、リンパの流れがよくなって、むくみが改善します。

Step 1

足の裏をつけて座り、ひざを均等に上げる

肩の力を抜いて

手を足でもつとバランスが取りやすい♪

Step 2 両ひざを床のほうに下ろしていく

Point

そけい部をほぐす

足のつけ根をそけい部といい、ここにリンパ管や血管が集まっています。リンパ管には血管にとっての心臓のようなポンプの役割をしてくれるものがなく、まわりの筋肉が動かしているため、軽くマッサージしたりストレッチしたりすることで、流れやめぐりがよくなります。

CHINAMI's method

❤

内腿のめぐりをよくする

内腿は、意識しないとうまく使えない部位です。このストレッチは、内腿の柔軟性を高めるので、可動域を広げる効果があり、血流やリンパの流れも改善されます。するとむくみが改善され、老廃物が排出されやすくなるのです。その状態で58ページのエクササイズや72ページからのマッサージに取り組むことで、より引き締め効果が期待できます。

やせコツ
CHINAMI's
method

脚が太くならない!

この動きは、脚は鍛えたいけど太くしたくない、とくに前腿は鍛えたくないという女性に最適です。脚のエクササイズというとどうしても前ももを必要以上に鍛えてしまいがちなのですが、この動きならお尻とハムストリングスにピンポイントに効かせることができます。

Muscle Exercise

股関節

丸くキュッと上がったヒップをつくるエクササイズです。

Step 1 床に両手と右ひざをつき、左脚は後ろに伸ばす

Step 2 伸ばしたほうの足をゆっくりと上に上げ、限界まで上げたら１の状態に戻る

30回

Thigh Exercise

太もも

細く引き締まった脚は 太ももがつくる!

太ももの筋肉は、大腿四頭筋もハムストリングスも、体のなかでも大きな筋肉。ここをきちんと鍛えれば、ただ歩くだけでも脂肪が燃える燃焼体質になります。

股関節のやわらかさ Check

Check 1 太ももの前面

大腿四頭筋の柔軟度チェック。寝た姿勢でひざを折り曲げます。完全にお尻の下に足が入れば、前ももの柔軟性はバッチリ。左右行ってみて。

Check 2 太ももの後ろ面

あおむけに寝てひざを抱え、体にぐっと引き寄せます。胸につくまで曲がれば合格です。左右両方をチェックしてみてください。

Thigh Exercise
太ももストレッチ 1

下半身のシルエットが変わる「とかげのポーズ」ストレッチ

腸腰筋から大腿四頭筋を伸ばすポーズです。リンパの流れを促進します。

Step 1 左のひざを立てて足を前につき、右の足は後ろに伸ばす

CHINAMI's method

♥

セルライトについて

太もも、とくに外側は、セルライトができやすい部位です。セルライトとは、脂肪のかたまりに老廃物がたまっている状態をいいます。脂肪細胞のあいだをリンパ管や毛細血管が走っているので、脂肪細胞が肥大化すると、めぐりが悪くなります。すると老廃物を捨てることができず、むくみやさらなる肥満の原因に。ストレッチやマッサージでつまりを解消してあげるとよいでしょう。

Step 2 ひじから先が床につくよう、上半身を前に倒していく

全方位OK!

太もも サイズダウンの ストレッチ

その日のむくみは、その日のうちに。
寝る前、ベッドのなかでもできる
ストレッチで脚すっきり!

30秒キープ

Step 1 あおむけに寝て、両手で右ひざを抱える

Step 2 右足を伸ばし、足先を両手でつかむ

30秒キープ

30秒キープ

Step 3 右手で足をもち真横に倒す

左脚も同様にチャレンジ！

Muscle Exercise
太もも
内ももとハムストリングスを鍛えて、脚全体を引き締めるエクササイズです。
Step 1
あおむけに寝て左ひざを曲げ、右足を左太ももに置く
30回
1、2をくり返し行ってください。
Step 2
骨盤（ヒップ）を上げて下げてをくり返す
裏もも（ハムストリングス）を意識して上げる
力はぬかず お尻をきゅっと締めるイメージで

Step 1 右側を下にして、左手を前に置いて横になる

30回

1、2をくり返し行ってください。

Step 2 右脚を上げて1の位置に戻す

ぽっこりお腹はどうすればいい?

「お腹やせ」にはドローイン!!

お腹に力を入れ、引っ込ませるクセをつけましょう!

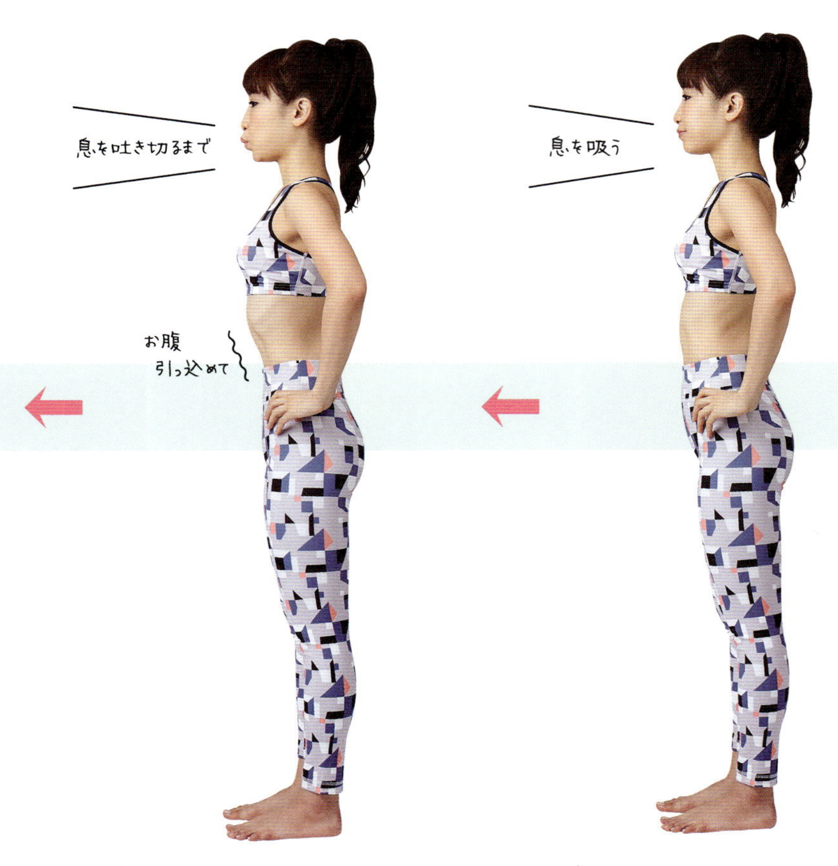

Step 1 背筋を伸ばして立つ

Step 2 吸った息を、吐いていく

ドローインで ぽっこりお腹を解消

お腹を凹ませて腹式呼吸をくり返すという動作には、インナーマッスルを鍛える効果があります。インナーマッスルは深層筋なので、慣れていないとなかなか鍛えるのは難しいのですが、鍛えることができれば代謝がアップします。下腹を引き締めぽっこりお腹の改善になるのはもちろん、全身やせにもつながります。

このまま呼吸をくり返す

5回

やせコツ

CHINAMI's method

❤

お腹やせにはまず食事

お腹まわりには骨がなく、やわらかい組織で覆われており、脂肪が非常につきやすい部位です。そのため、脂肪を燃やすのはほかの部位に比べて簡単なことではありません。お腹やせに即効性があるのは、運動よりもまずは食事です。糖質と脂質に注目して、食事内容を改善すれば、効果が現われます。

Step 3 **このまま呼吸。30秒キープ**

千波式・ドローイン1DAY

ながらドローインで
腹凹貯金をコツコツと

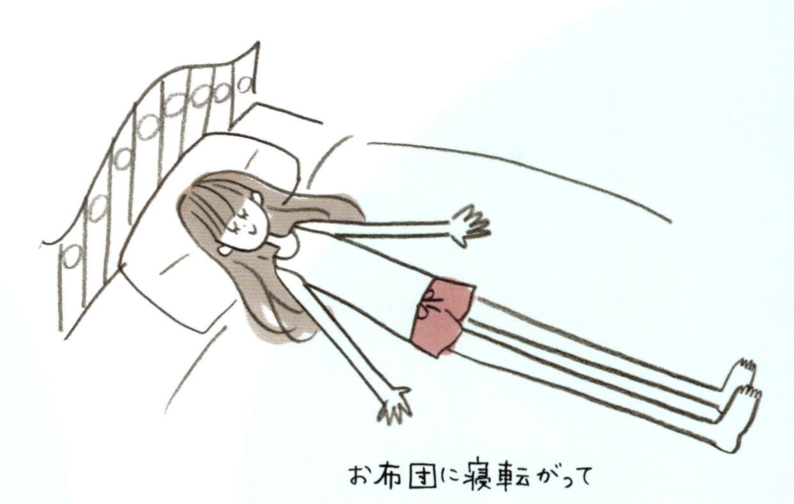

いつでもどこでもできるのがドローインのいいところ。
立っていても、座った状態でも、寝転がっていても、
どんな状態でも効果は変わりません。
私は歯磨きをしているときや、電車のなか、
テレビを見ながらなど、シチュエーションに関係なく
ドローインをするのが習慣になっています。
ポイントは「もうこれで限界！」というところまでお腹を凹ませること。
すぐに効果が出るので、ぜひ試してみてください。

CHINAMI
Diet!

♥

Change 03

Massage

マッサージで変わる

マッサージとは、体に手をかけてあげること。
といっても難しい手技などは必要ありません。
気になるところをさすって、いたわって、
やさしく、やさしく。
それだけでも血液やリンパのめぐりがよくなります。

あれ？続けたら、
少し細く
なったかな？
痛気持ちいい
感覚で
クセになる✧
さわればさわるほど
細くなる気がする♡

Massage

マッサージ以前の
“さわりグセ”で
自分の体と仲良くなろう

「いつもどこかさわっているね」
友だちにもそうい われます。
「わざわざやる」のではなく、“クセ”で十分。
ボーっとしていても手だけはどこかさわっている
そんな小さなコツで
めぐりのいい体になれるのです。

リファなどの
ツールを使ってもOK

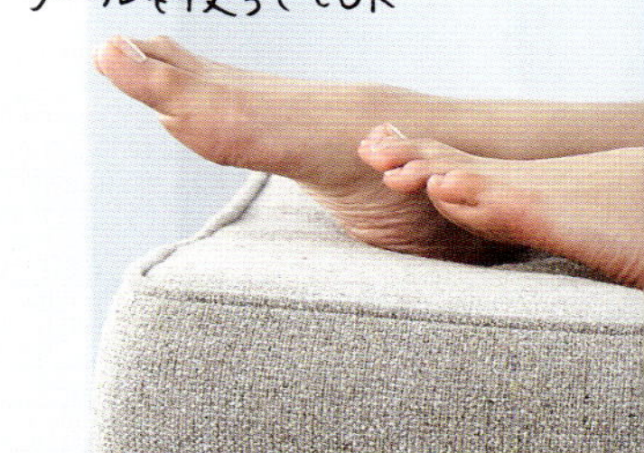

顔のさわりグセ

3年前の写真と見比べて「老けたかも……?」
と感じるのはフェイスラインがぼやけてくるから。
さわりグセで、今から食い止めて。

A

フェイスラインすっきり

唇の下から耳の下まで、リフトアップするように

B

▼

フェイスラインすっきり!

鼻の脇から耳の下まで、少し強めに

講義中や仕事中など机に
向かっているときは顔のマ
ッサージがおすすめ!

B

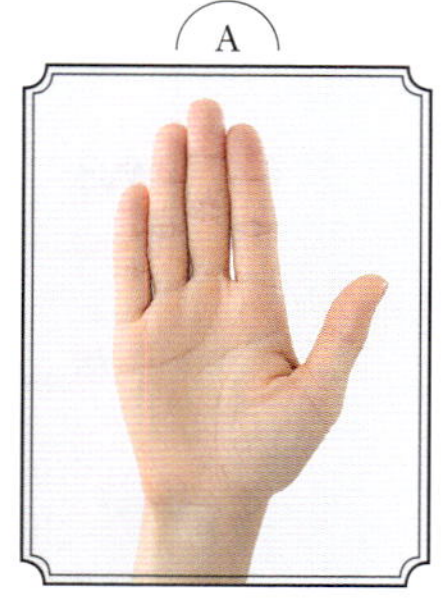

A

顔のさわりグセ

✦手技はコレ✦

A：人差し指、中指、薬指、小指の、指の腹を使ってマッサージします。

B：指の第一関節と第二関節の間の平らな部分を使うと、うまく圧をかけることができます。

CHINAMI's
select

♥

滑りをよくするためにも、マッサージにクリームやオイルは必需品。
私がよく使っているものを紹介します。
リファは撮影にももち込んで、いつもコロコロ。

好みの精油をプラス！

a　b

1　2

3

4

5

1a **ニールズヤード レメディーズ　グレープフルーツ・オーガニック**
セルライト解消に効果的。10ml、¥2,376／ニールズヤード レメディーズ 0120-554-565

1b **ニールズヤード レメディーズ　ローズマリー・オーガニック**
むくみを解消したいときに。10ml、¥2,592／ニールズヤード レメディーズ 0120-554-565

2 **無印無添加オイル** 好みの精油をプラスして／編集部私物

3 **クラランス ボディ オイル“アンティ オー”**
肌なじみがよく下半身の引き締め効果あり。100ml、¥7,992／クラランス 03-3470-8545

4 **クラランス クレーム マスヴェルト**
脂肪に働きかけるマッサージクリーム。200ml、¥8,400／クラランス 03-3470-8545

5 **リファ** 顔用と体用を使い分けている。／著者私物

鎖骨のさわりグセ

突然ですが、鎖骨に水、貯まりますか？
以前は私も水を入れる余地ナシ！の状態でしたが
実はそれは、むくみのサインなのです。

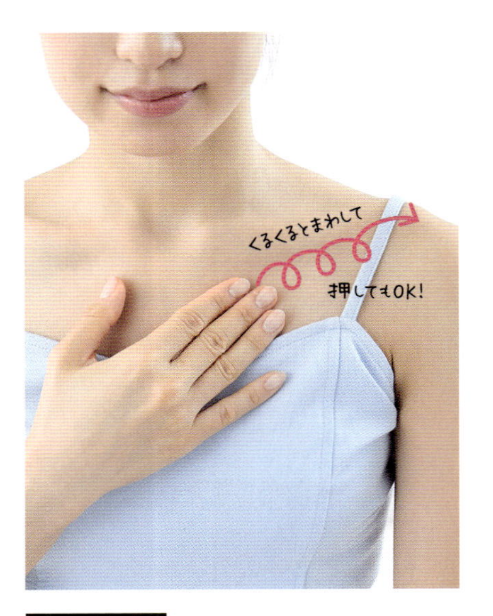

デコルテくっきり

鎖骨下から肩先まで指で円を描く

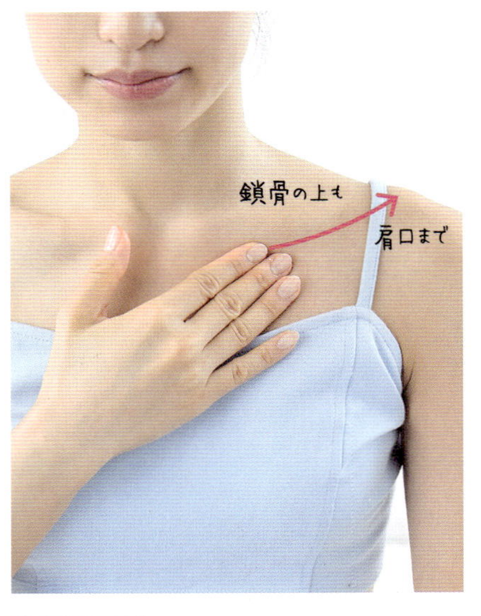

老廃物を流す

鎖骨の下に指を当て、肩先まですべらせる

しっかりもみほぐしたいなら、やはりお風呂で。湯船に浸かって30秒。

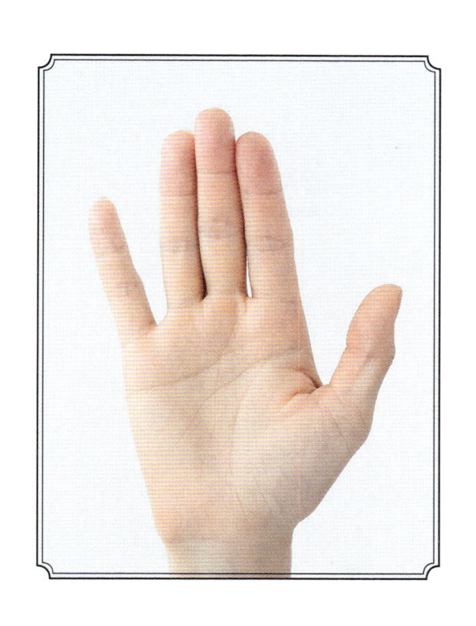

鎖骨のさわりグセ

✦手技はコレ✦

人差し指、中指、薬指の3本の指の腹を使います。

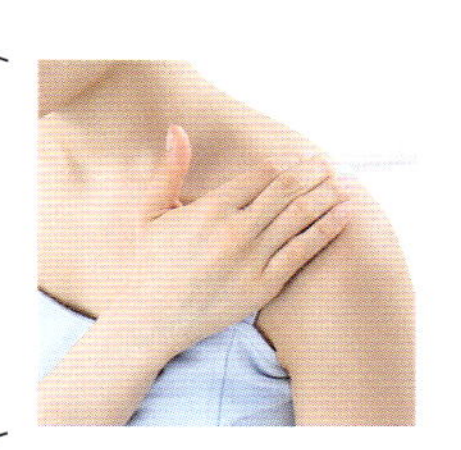

骨に沿ってきわを流すようなイメージで

さわりグセで報われる!

鎖骨クッキリで今すぐ見た目体重−3kg!

鎖骨は代謝のバロメーター。太ったり、むくんだりすると、鎖骨周囲が詰まって埋もれ、ずんぐりむっくりとした印象に。

キレイな女優さんやモデルさんは、首が長くて鎖骨がくっきりしている人が多いですが、これは、鎖骨と顔まわりの新陳代謝が高いから。とくに顔は、マッサージでふたまわりは小さくなります。

夏になると流行るオフショルダーは、くっきりとしたな鎖骨が着こなしのカギ。一気に華奢な印象になります。

肩・二の腕のさわりグセ

肩甲骨は、背中にありますが、腕の一部でもあります。
肩甲骨が詰まっていると、大嫌いな振袖がどんどん肥大化！
ヒマさえあればワキをさわって解消しましょう

A

二の腕やせには

こぶしでワキの下をグリグリほぐす。親指を使ってもOK！

B

肩まわりすっきり

左手を右肩に置き、右手で左の肩甲骨まわりの肉をワキへ流す

テレビを観たり、家でくつろいだりしている時間に、上半身をさわるクセをつけて。

肩・二の腕のさわりグセ

✦手技はコレ✦

A：人差し指・中指・薬指・小指の4指でつくったこぶしを使います。こぶしだとやりにくい場合は、親指を使ってもOK。

A

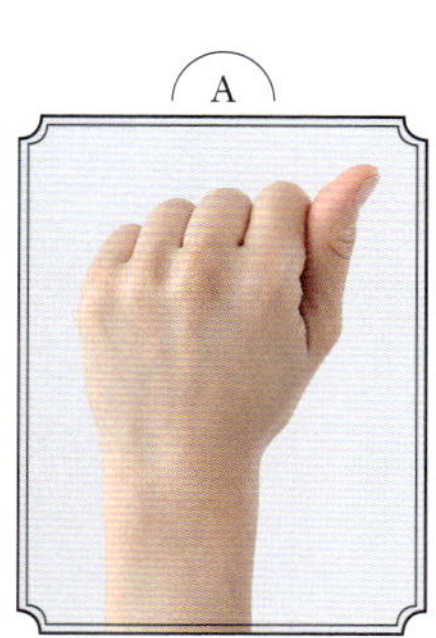
A

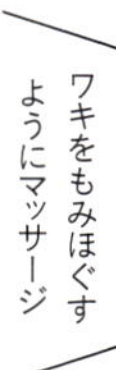
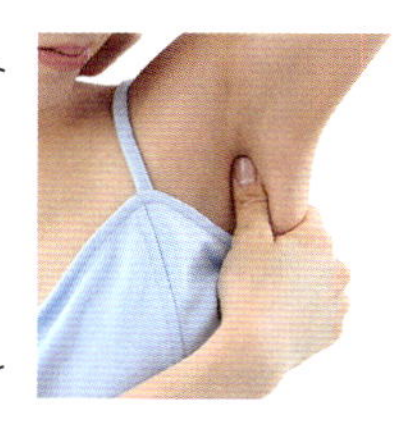
ワキをもみほぐすようにマッサージ

さわりグセで報われる!

背中で語る女になれ!
肩甲骨にはこれまでの努力が現われる!

しなやかで、日頃からよく動かしている背中には、くっきりとした肩甲骨が浮き上がります。ところが、肩甲骨がこりや詰まり、脂肪などで見えないと、背中も丸く、厚くなっていきます。

Tシャツの後ろ姿を見ると、その人がどれだけ自分の体に手をかけているかがわかります。それだけ肩甲骨は、結果の現われやすい部位。しかも、背中にあっても肩甲骨からが腕。背中やせだけでなく二の腕やせにも効果的です。

背中がずんぐりむっくりしていると、腕も太くなります。肩・二の腕のさわりグセで、ノースリーブが着られる上半身を目指して。

ウエストのさわりグセ

実はむくみやすいウエストは、マッサージがよく効きます。
背中側、わき腹、下腹部と、全方位をコルセットでキュッと締める
イメージで、水分と血液のめぐりを改善します。

B

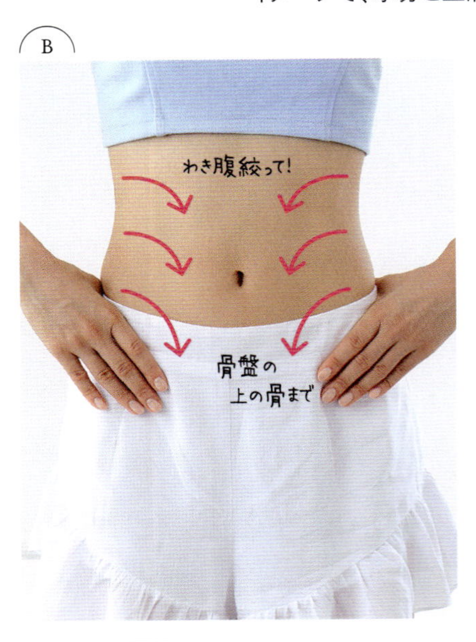

脇前にアプローチ

腰に手を当て
後ろの親指で脇腹を前方に

A

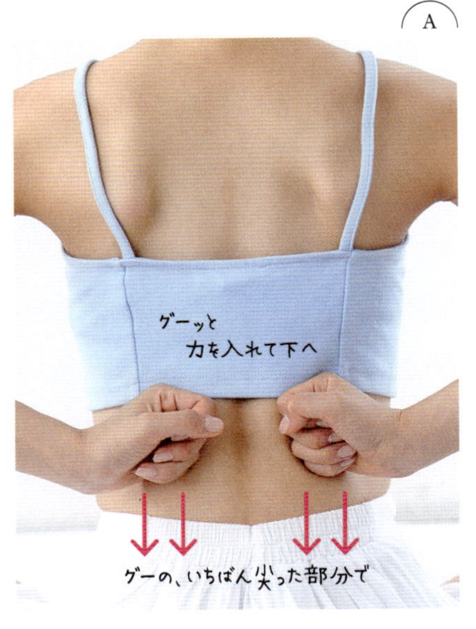

背中側を流す

こぶしをウエストラインの
上に当て、
腰骨の真ん中くらいまで
なで下ろす

トイレに立ったらウエスト
マッサージの時間です

B

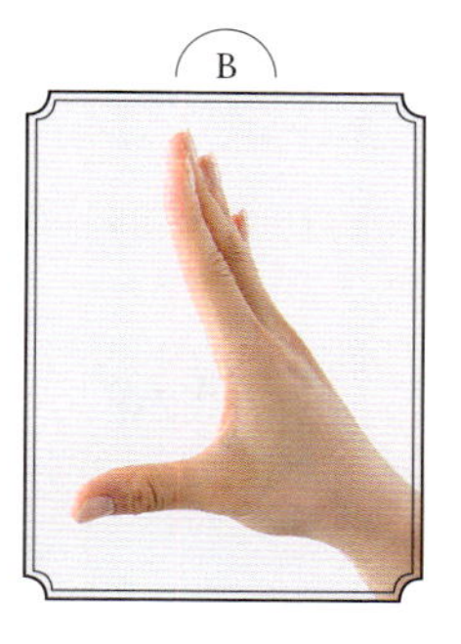

A

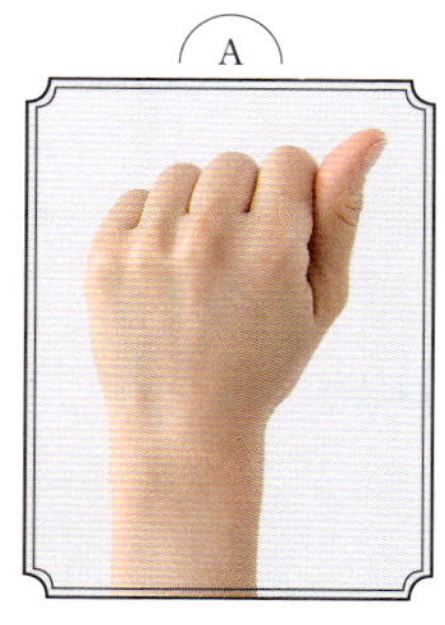

ウエストのさわりグセ

✦手技はコレ✦

A：人差し指・中指・薬指・小指の4指の、第二関節を使います。
B：手でL字型をつくり、親指の内側と人差し指の外側を使います。

さわりグセで報われる!

ぽっこりお腹の原因は血流停滞状態のむくみ腸かも!

お腹には骨がありません。もともとたるみやすく、脂肪がつきやすい構造です。また、やわらかいので気づきにくいのですが、非常にむくみやすい部位でもあります。水分がたまりやすいのです。

実はこのお腹のむくみ、腸に起こっているものかもしれません。むくみ腸は腸内に血流障害が起こり、適切に水分が排出されないために起こる症状です。腸の消化機能が低下し、食べ物が消化されず、脂肪に変わってしまいます。

慢性的な便秘や下剤の使いすぎなどが原因なので、日頃からお腹まわりや腸のさわりグセをつけて、腸をよく動かすことで解消できます。

腸のさわりグセ

便秘になると、腸の吸収力が低下し、
血流不足が起こります。
ダイエットには腸活が必須です!

A

腸をグルグル

小腸のあたりを グーでぐるぐる押して、 ぜん動を促す

B

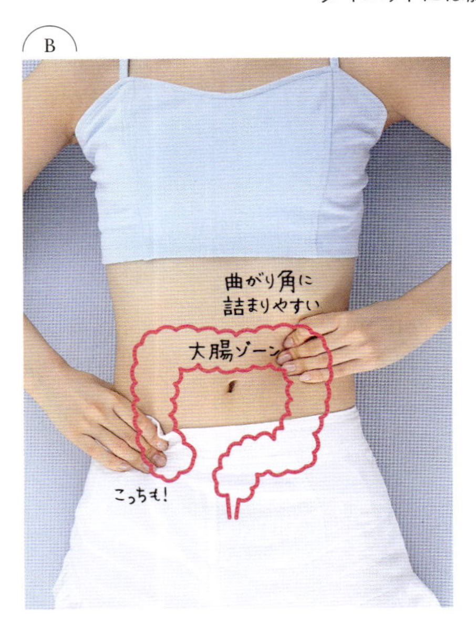

腸を刺激する

便のたまりやすい 大腸の曲がり角を 重点的にもみほぐす

朝起きて、ベッドのなかで。
朝のお通じが変わります

腸のさわりグセ

✦手技はコレ✦

A：片手でつくったこぶしを、もう一方の手で上から押さえます。

B：親指とその他の4本の指で、しっかりとマッサージしたい場所をつかみます。

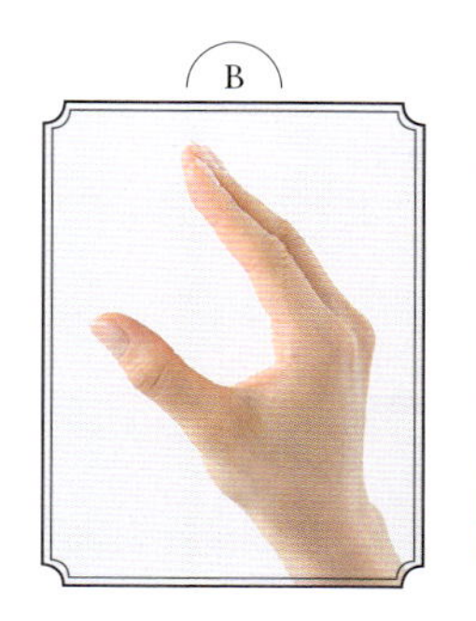

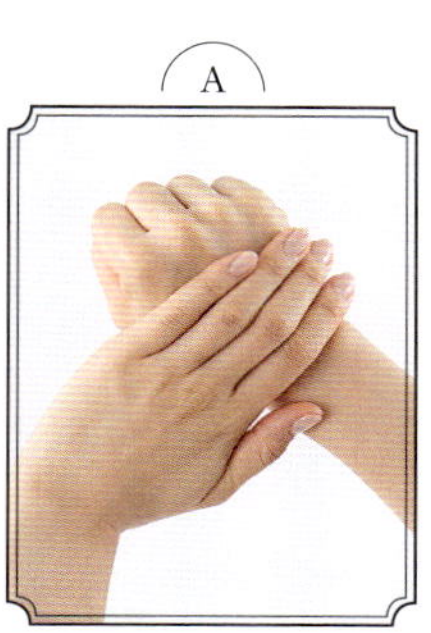

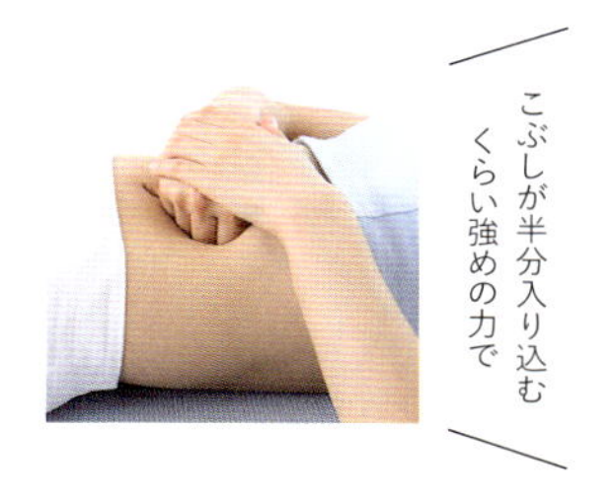

こぶしが半分入り込むくらい強めの力で

さわりグセで報われる！

腸美人はやせやすい！あなたの腸は硬くない？

ダイエット指導中「もう3日も出ていないんです」なんていう声を聞くと、本気で腸のマッサージをさせてもらうことがあります。すると効果てきめん。「すみません、ちょっと……」とトイレに立つ人も。

腸は、お腹を押さえるとその形がわかります。さわってみて「ちょっと硬い」と思ったり、しくしく痛むような感じがあれば、便がたまっているサインです。

少し便秘気味だなという人は、朝目覚めたらお布団のなかで腸マッサージを。それで毎朝お通じがあるようになった人がたくさんいます。あとは水不足、油分不足、水溶性の食物繊維不足を見直すことができれば完璧ですね！

お尻のさわりグセ

お尻がこると股関節の動きに悪影響が出て
脚が太くなったり腰が痛くなったりします。
しっかりとこりをもみほぐして。

こりを撃退!

腰骨の上のほうからお尻に向かって、こぶしでなで下ろす

夜寝る前にベッドのなかで。うつぶせになって行いましょう。

お尻のさわりグセ

✦手技はコレ✦

指の第二関節とつけ根の関節のあいだを使いましょう。

さわりグセで報われる!

不要な代謝物質は さわりグセで解消できます!

やせやすい箇所とやせにくい箇所って、ありますよね。エクササイズだけでは、苦手な箇所ってなかなか落ちないもの。それは、苦手な箇所=やせにくい場所には、老廃物がたくさんたまっているからなのです。

老廃物とは二酸化炭素や腸内細菌の死骸、添加物、皮脂、アンモニアや尿酸などの体にとって不要な物質のことで、通常、これらは尿や便、汗や呼気などとともに体外に排出されますが、もろもろとどこおっていると体内に蓄積し、むくみや肥満につながってしまうのです。

こうした老廃物は毎日生成されるもの。できるだけためないように、便や尿、マッサージなどでこまめに排出していきましょう。

脚のさわりグセ

夕方になると脚がパンパン！
靴もきつく感じる……という人も多いはず。
それは全部むくみが原因。しっかりと流して。

A

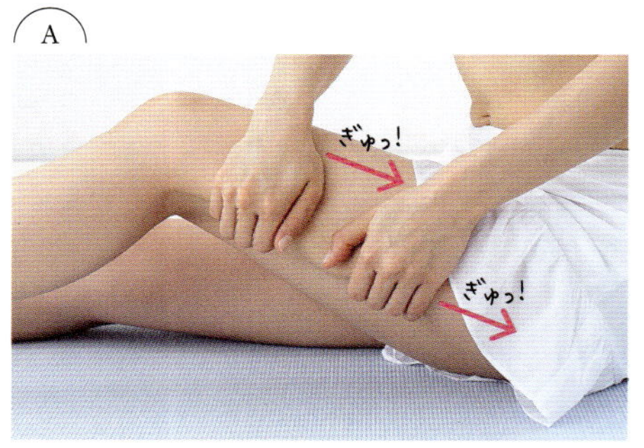

太もものもみ上げ

両手のひら全体で足のつけ根をもみほぐす

B

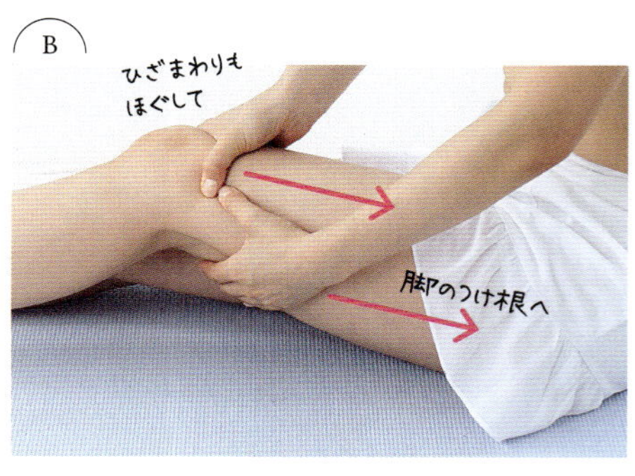

つけ根をグルグル

両手の親指に圧をかけてつけ根に向かって押し流す

C

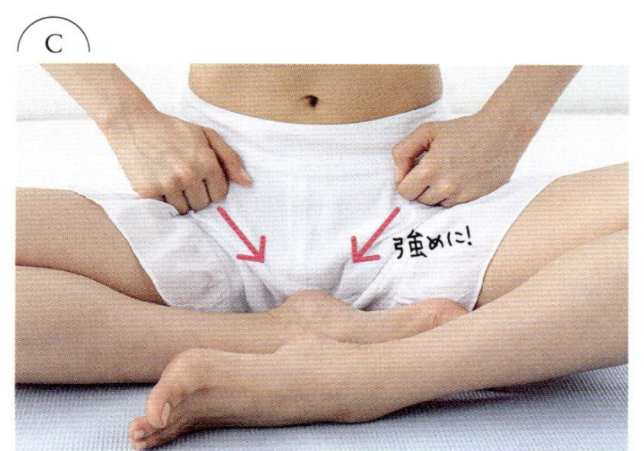

脚のつけ根

グーでさすり下ろす

テレビを観ながら部屋着でチャレンジ。座って、少し強めにグリグリと押して。

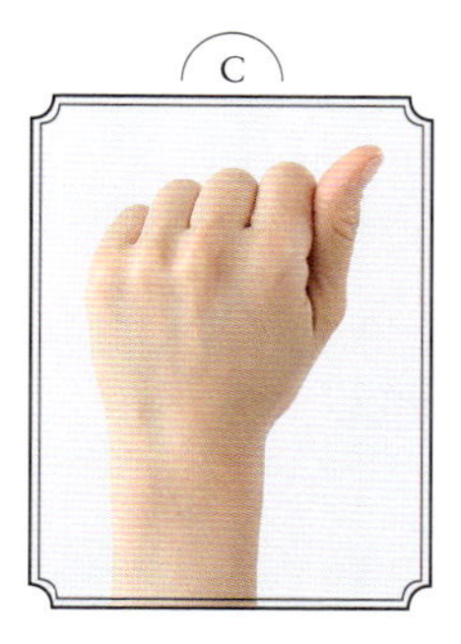
C

B

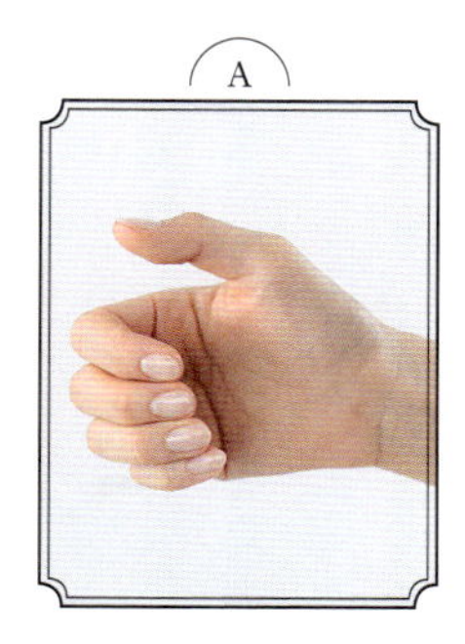
A

脚のさわりグセ

✦手技はコレ✦

A：親指とほかの4本の指を脚に引っかけるようにして、マッサージします。
B：こぶしの第二関節とつけ根を使うとやりやすくなります。
C：こぶしの第二関節とつけ根を使うとやりやすくなります。

さわりグセで報われる！

やせやすい脚をつくるためには とにかくさわって、不要物を流す！

　脚は、歩いたり、パンプスやハイヒールを履いたり、とにかく毎日、疲れています。そのためこりやすく、老廃物がたまりがち。とくに脚の外側には血管が少なく、すぐにとどこおってしまい、ぼってりと脂肪がついた土偶体型を招いてしまうのです。

　食事制限や過度な運動で体重を落とせたとしても、ケアが不十分なままでは下半身に脂肪と老廃物が残ってしまいますし、万が一リバウンドしてしまった際にはさらに下半身に脂肪と老廃物がつくという悪循環に陥ります。

　そうならないために必要なことはケア、つまりマッサージです。とにかく脚にさわりグセをつけて、硬くとどこおっていたセルライトやリンパ、血液の流れをよくしてサイズダウンを目指してください。

「千波式ダイエットでどう変わった?」

8万人のフォロワーをもつ
インスタダイエッター☆

いーちゃんの場合

ダイエットって、結果が出るまでにある程度時間がかかるから

「本当にこのやり方でいいのかな……」

そんなふうに、不安になることもあると思います。

千波式ダイエットで成功している人はたくさんいますが、

そのなかでも、話を聞くならやはりこの人!

素人なのに8万人のフォロワーをもつインスタダイエッターの代表格

いーちゃんの体験談です。

Talk Session

Chinami × xxiichanxx

高校の部活で先輩後輩だった2人。千波さんの指導でいーちゃん先輩がどう変わっていったか、また、これからの目標なども聞きました。

妊娠で+20kg!

人生2度目の本気ダイエット！今回も20kg落とす

千波 今、2人目のお子さんを出産して、1か月半経過ですよね。

いーちゃん そうです。産後って、授乳の影響もあって、ものすごくやせやすい時期。MAXで69kgあった体重が現在、57kgです。もともとやせやすい時期だからこそ、エクササイズやストレッチ、食事の改善を行うことで相乗効果が生まれるの。1人目の子どもを産んだあとも3か月で20kg落としたし、今回も、まずは同じように落としたいと思っています。

千波 いーちゃん先輩は、私の何千人といるクライアントさんのなかでも、ストイックさ加減ではかなりの上位。でも、それがストレスになっていない。そこがいいんです。

いーちゃん 私、エクササイズ好きなんです。

千波 まったく腹筋できなかったクセに（笑）。

いーちゃん そう、ちな（千波さんのこと）に見てもらいはじめたときはそうだったよね。アゴしか上がってない、みたいな（笑）。

プライベートでも仲良し♡

妹もお世話に☆

トレーニングの成果だっ!

エクサにやみつき。そこまでいった人がペタンコのお腹を手に入れられる

千波　高校時代から、太っていたわけじゃないけど、体に無頓着でしたからね、先輩は。

いーちゃん　そう、運動もしていなかったし。けど、就職して初めての研修で、食べられなくなって、自然とやせちゃった。

千波　よくないやせ方でしたよね。体重云々ではなくて、もうちょっと体に手をかけたらもっともっとステキになるのに、ってずっと思っていました、私。

いーちゃん　再会して、最初は加圧で面倒見てもらっていたときも、そんな程度からだったよね。産んだらよろしくね、くらいで……。

千波　すごかった。3か月で20kg落としちゃったんだから。大丈夫なの!?っていわれることも多かっただろうけど、私はいーちゃん先輩を見ていて安心していましたよ。それはメンタルが安定しているからなんです。

いーちゃん　さっきもいったけど、産後の、何もしなくてもやせる時期にエクサを取り入れたものだから、どんどん結果が出て、楽しくなっちゃったの。それで火がついたかな。あとは食事がちゃんとしている、きちんと満足するまで食べているっていうところが大きい。

食事はお腹いっぱい食べています。栄養バランス、彩りが大切

千波　前回のときはサラダとかばっかりで、ちょっと危ないなって思っていました。

いーちゃん　ダイエットっていうと、どうしても発想が〝野菜ファースト〟。それも、最初に食べるという意味だけじゃなくて、野菜至上主義、みたいな。まるでエサだったなって、今

ちなのことは、姉妹三人ともが崇拝しているんです。
——いーちゃん

やるときは、やるよっ!

まだまだ課題が見える

性格の違う3人姉妹でも きっちり結果を出せているのがスゴイ!!
――いーちゃん

になると思う。けど、今回は違うよ。夫がダイエットを一緒にはじめたし、2人で、たんぱく質やミネラル、ビタミンたっぷりの、バランスのいい食事で、糖質ゼロのお酒を飲む！

千波 お酒好きだよね（笑）。2人目の妊娠以来先輩とお酒呑んでないから、今年のクリスマスで一緒に呑めるのが、今から楽しみ。

いーちゃん ふつう、ダイエット指導っていうとお酒はよくないっていわれちゃうよね？ 本当のことというと、筋トレの観点からも、お酒を呑むのはあまりよくないってわかってはいるんだけど……。

千波 そこは、人それぞれなんです。私が見ていて、いーちゃん先輩からお酒取り上げてもいいことないって思ったから。食事はきちんとできている、エクササイズもストイックにこなしている。それで十分。そこからさらにお酒を取り上げても……ストレスたまるだけ。

いーちゃん お酒止めなくても、1回目の妊娠のあと、70kgから47kgまで落とした実績があるもん（笑）！

人は皆、十人十色。同じことをやっていても結果は違って当然

千波 ダイエットがすべてじゃないですからね。楽しむことだって、重要。とくに、いーちゃん先輩に関しては、一度目はともかく、今は食事もちゃんとできていますから。最初は、知識がなかったから、その知識を補強してあげて、マインド、メンタルを整えて……。結局、気持ちが整っていれば、モチベーションも上がるし、ダイエットだけじゃなくて、す

夫も一緒にダイエット

母や妹のお弁当には玄米を

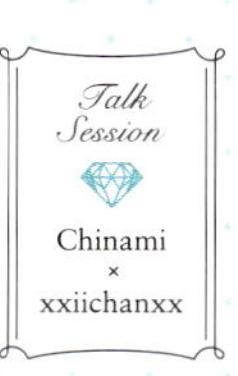

お腹、仕上がりました♢

エクササイズ大好き!

ちながついている!! だから、今度も私は絶対変われる。

——いーちゃん

べてがいいほうにまわりはじめるんです。

いーちゃん 気持ちが大事って、すごくわかるな。今、お姉ちゃんと妹と、姉妹三人でちなのところ通っているじゃない？

千波 全員、性格違うよね（笑）。結果を出すのはいーちゃん先輩。ユルいのは妹さん、真面目で緻密なのはお姉さん。

いーちゃん これだけ別の三人が、きっちり結果出している——だから、ちなのダイエット方法は、当てはまらない人のほうが少ない。

体に手をかけて自分を好きになる。ちなをマネして私は生まれ変わる

千波 たくさんの女性に幸せになってほしくてこの仕事をしているけど、つき合いが長いぶん、いーちゃん先輩にはとくに「こうなってほしい」っていう目標があるんです。それは、お尻とお腹。前回の出産のあと、お腹しっかり仕上がったでしょ？ 今回もお腹はそこまでもっていって、あとはヒップラインかな。

いーちゃん 私はやっぱり、数字が気になる。前回の47kgはクリアしたい！

千波 数字にとらわれないで、っていいたいけど……これだけいってもまだ数字なら、そこは好きにして（笑）。

いーちゃん ただ、私も体重を細かく測るのは苦手です。やる気がなくなる。

千波 だから、体の写真は毎週でも撮っておきましょう。変化がわかりやすいから

いーちゃん あれ、励みになるよね。あとは私は、ダイエットって身近な、マネできる人で、目標になる人がいるといいと思う。それが私にとってはちななんです。ちながやっていることは全部マネして、吸収したい。それくらい崇拝していきます♥

いーちゃんの産後ダイエットグラフ

3歳になる上のお子さんの出産後、20kgやせたいーちゃんの体重変動グラフを公開します！最初の1か月は食事の改善、残りの2か月でエクササイズ。いーちゃんは、千波式ダイエットでどう変わったのでしょうか？

体重
Max! 70kg
70kg
65kg
60kg
57kg
54kg
50kg
47kg
出産当日
翌日
1か月後
65kg
57kg

産後3week

産後1か月

産後2week

結果が、ごほうび♡

食事で落とした12kg。残りの10kgはエクササイズで落とす

いーちゃん 結局、私の成功体験は、ちなに見てもらったあのときだから。それまでも、ジムに行ったり加圧やったり、ちょこちょこやっていたんだよ（笑）、結果は出なかったけど。だから、今回も、あのときのことを思い出して、絶対できるはずだと思っている。

千波 うん。来週から（注：産後2か月経過）、うちのトレーニングも再開するしね。

いーちゃん この1か月、食事だけで、まずは12kg落とせているでしょ。たんぱく質、ミネラル、ビタミンを中心に、あとは葉野菜。それと授乳で、ある程度は落ちる。ここから先は、ボディメイクにチャレンジです。

千波 前回は、パーソナルだったけど、今はスタジオを借りてグループレッスンを行っています。妹さんやお姉さんと励まし合いながら、がんばりましょう！

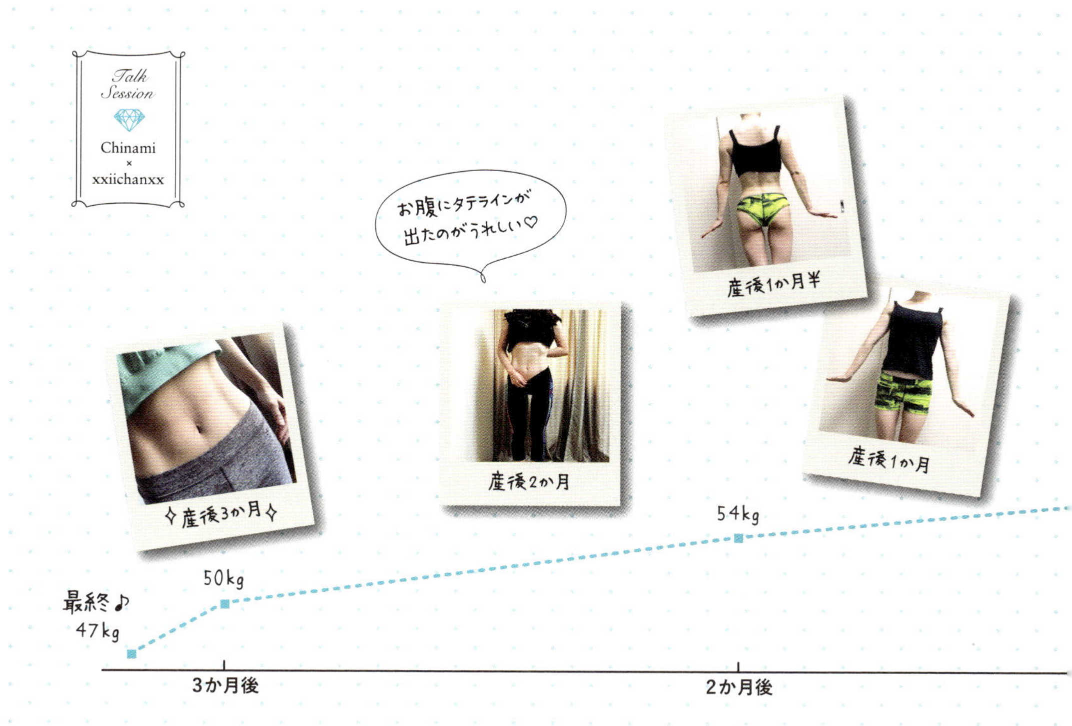

いーちゃん　前回も、体重が下げ止まると、違ったエクサを取り入れてくれていたけど。

千波　そうですね。ずっと同じことじゃなくて、たまには新しい刺激をね。基本的にはレッスンは1時間ちょっとで、エクササイズ7割、ストレッチ1割。残りの2割は飛んだり跳ねたりの、有酸素運動を取り入れます。

いーちゃん　突然、キックとかさせられるもんね、ちなのレッスンは（笑）。

腕は細くなったら戻らない！ うれしい発見でした

千波　もっと新しい要素も、取り入れていきますよ。楽しみにしていて。あと、いーちゃん先輩、腕のマッサージは続けてくださいね。

いーちゃん　もちろん。ダイエットするまで腕がすごく太かったんだけど、リファでマッサージするようになってからスッキリして。今回妊娠したけど、二の腕だけは太くならなかった。これはうれしかったですね。

いーちゃんをやせさせた千波式ダイエットの中身（すごい）

ダイエットの正解は、人それぞれ違います。
ドローインで効果が出る人と、スクワットで効果が出る人と。
千波式ダイエットがすごいのは、一人ひとりに寄り添った
アドバイスと目標と、ハウツーがあるからなのです。

Counseling

問題点を洗い出す

今、悩んでいること、落ち込んでいること、手放したいこと。そして、なりたい自分、理想の自分。それって全部、メンタルとつながっている。そこからはじめます。

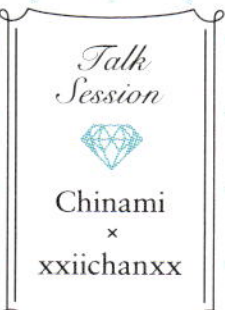

Policy

food

糖質カットは十分。あとはたんぱく質をプラスしていきましょう。113ページのおからハンバーグがおすすめ❤

Stretch & Exercise

家エクサは36〜67ページをまんべんなく行います。産後のお腹に集中するために、腹筋をプラスしてもOKです。

Massage

とくにモチベーションが上がる80ページのマッサージは必須！あとは76ページのフェイスマッサージも加えていきます。

方針を決める

“強制”と“否定”は絶対しない。あくまでもアドバイス。いい方向に進むよう、つねに気をつけています。SNS、twitter、全部つながっているから、SOSは見逃しません。

☆ xxiichanxx's menu ☆

- □ 千波レッスンを週に1回受ける
- □ 家エクサは日課にする☆
- □ 二の腕と顔は毎日マッサージをする
- □ 量は十分に食べる
- □ たんぱく質を中心に、ビタミン、ミネラルをたっぷりと♡
- □ 週1回、お腹とお尻の写真を撮る

ふたたび20kg落とす!!
いーちゃんの2回目ダイエット計画

2度目の妊娠で、またもや20kg太ってしまったいーちゃん。今回も20kg落とす覚悟なのだとか。とはいえ、「冬じゅうに、達成できると思うんですよね。たぶん、2月にはあのパンツが履ける」と、本人はあくまで自然体。それは絶対にやせられる、変われると信じているからなのです。

お腹を仕上げる✧

Change
01

Stretch & Exercise

いよいよ本格的に運動開始
いーちゃんの3か月後に期待!

週に1度のグループレッスンと、家エクサが中心。お子さんたちを見ながら、お腹と脚を中心に、ボディメイクに取り組みます。エクサ後の写真撮影も忘れずに。

ヒップアップを目指す!

エクサは裏切らない

自分の体、結構好きです♡

Change

02

二の腕と顔は
マッサージが何より効く！

二の腕と顔は、とにかく気づけばさわっているというくらい、しょっちゅうマッサージを。とくに二の腕は、前回マッサージの効果を痛感した部位。継続します。

Change

03

• Food •

足して、足して。
栄養不足は絶対にNG！

バランス、彩り、量。この3つに気をつけましょう。減らすのではなく足していく発想で、満足感も得られます。糖質ゼロなら、お酒も怖くありません。

ダイエットやボディメイクだけじゃなくて、
どんどん理想の自分に近づいていっている
いーちゃん先輩。
メンタルが安定していて、前向きで、
人生も楽しめるようになったので、
どんどんやせてキレイになると安心しています。
旦那さんとも仲よくて、
かわいい子どもが2人もいて……充実していますね！
これからも二人三脚で、
よりよい毎日を、楽しく過ごしていきましょ☆

千波

CHINAMI
Diet!

Change 04

食べ方で変わる

クライアントさんからの質問で
「ダイエット中、早めに夕食を済ませたら、
寝る前になってお腹が空いてきちゃった……」
というSOSが来たら
「おからの蒸しパンなら大丈夫。食べて、食べて！」
とアドバイスします。
糖質オフでヘルシーなおからパウダーさえあれば
食事のストレスをぐっと減らせるんです！

天然素材でつくられた、カロリーゼロの甘味料です。上白糖代わりに使っています。もちろんスイーツづくりにも。

ラカントS顆粒 150g／¥570(+税)／サラヤ 0120-40-3636

ダイエットや疲労回復にもよい黒酢。お茶やお水以外のものが飲みたいとき炭酸水で割って飲んでいます。

Q1 最近、「糖質が肥満の原因」といわれていますが、なぜですか?

A1 血糖値を急上昇させ、脂肪をため込むインスリンを大量分泌するからです

糖質（炭水化物）をとると血糖値が急に上がり、それを下げるためにすい臓からインスリンというホルモンが分泌されます。このインスリンには脂肪をため込む働きがあるので、食べすぎた糖質が脂肪として体に蓄えられてしまいます。これが「糖質=肥満」の原因です。

甘いものが欲しくなったとき、チョコレートを食べたくなったときに大活躍。サンフードのローカカオパウダーです。

Q2 仕事の関係で、深夜に食事をとることが多いのですが、どんなことに気をつければいいですか?

A2 罪悪感をもちすぎず組み合わせに気をつけて

「深夜にごはんを食べたら絶対ダメ!」という罪悪感は、ストレスにつながり、食欲増進ホルモンが刺激されます。脂質と糖質といういちばん太りやすい組み合わせを避け、野菜とたんぱく質を選べば太ることはありませんので、ご安心を。

だしは無添加の茅乃舎のものがおすすめ。スープや炒め物、サラダにかけて使います。

食後にどうしてもスイーツが
ほしくなってしまいます。どうすれば？

心も体も喜ぶよいものを
少しだけか、手づくりがおすすめ

甘いものが好きな人が完全に断つのはストレスのもと。例えばたった1つで心が満たされる高級チョコを選べば、量は少なくても満足感は高いもの。またはおからパウダーを使って手づくりを楽しむのもいい方法です。

友人との食事会などで、
外食することに不安があります。

2日以内に食事量を調節すれば、
脂肪には変わりません

食べた物が体内に吸収されて脂肪に変わるには2日かかります。だから「食べすぎた日+その翌日」の2日間で食事量を調整するようにしましょう。「食べすぎちゃった」と落ち込むのではなく、「おいしいものを食べられてよかった」と思って。

食事制限が続かない
皆みたいにストイックには
がんばれないのですが……

人と比べない。
完璧にできなくてもいい。
自分のペースで大丈夫です

千波式ダイエットが提案している食事方法は「いつもの食事の1割を変えましょう」というものです。0か100で考えるから続かないし、人はそれぞれ環境も体質も違います。人と比べて落ち込んだりせず、自分と向き合うことからはじめましょう。

無添加有機栽培のごま油やオリーブオイルなど、良質の油を使うようにしています。

微粒子のものとそうでないものを、用途によって使い分けしています。ガトーショコラには微粒子のもの、蒸しパンやキッシュにはそうでないものが◎。

CHINAMI's
method

♥

制限ではなく改善を！

食事の内容や量を急激に変えるとストレスになり、かえって暴食を招いてしまいます。

大切なのは「これならできそう」というレベルで、少しずつ変えていくこと。

例えば、お米を完全に止めるのではなく、3分の1の量にする。その代わり、たんぱく質を増やす、などという考え方です。

これならストレスが少ないぶん、長く継続でき、いい結果につながります。

冷凍2週間

おからマフィン

お腹が空いたときのおやつにパクッとひと口!

材料（直径8cmのマフィン型 4個ぶん）

おからパウダー …… 30g
豆乳 …… 100g
アーモンドパウダー …… 30g
バター …… 20g
ラカントS …… 40g
卵Lサイズ …… 2個

♥ お好みでクルミやアーモンドなどをトッピングしても◎
♥ バターには酪酸が含まれていて、脂肪の分解を促進する作用が強いといわれています

作り方

1 バターは溶かしバターにして、オーブンを180度に予熱しておく。
2 すべての材料をボウルに入れ、しっかり混ぜ合わせる。
3 マフィンの焼き型などに入れて、20〜25分焼いて出来上がり。

冷凍2週間

おからのガトーショコラ

ノンオイルで低糖質だから、罪悪感もオフ!

材料（長さ18cmのパウンドケーキ型1台ぶん）

おからパウダー …… 50g
純ココア …… 大さじ3
ラカントS …… 35g
豆乳 …… 120cc
卵（Lサイズ）…… 2個

♥ お好みで刻んだクルミやアーモンド、ラム酒、ブランデー(各大さじ2)を加えても
♥ ラカントSは、砂糖と同じ甘さなので置き換えるだけで糖質オフになります

作り方

1 オーブンは180度に予熱する。
2 粉類はすべてボウルに入れ、豆乳、卵を加えて泡だて器でよく混ぜる。
3 型に入れ、オーブンで約30分焼いて出来上がり。

♥ 粗熱が取れたらラップで包み、冷蔵庫で1日寝かせると、よりしっとりおいしくなる

ふつうの
ガトーショコラより
好きです♪
Recipe 2
おからのガトーショコラ
Recipe 1
おからマフィン

おからのベイクドチーズ

Recipe 3

レモンの香りがさわやかな、
糖質オフチーズケーキです。

冷凍2週間

材料（直径15㎝のケーキ型1台ぶん）

おからパウダー …… 20g
クリームチーズ …… 200g
ラカントS …… 大さじ3
レモン汁 …… 大さじ2
卵（Lサイズ）…… 2個

作り方

1 クリームチーズは室温に戻す。オーブンは180度に予熱しておく。
2 ボウルに材料をすべて入れ、泡立て器でダマがなくなるまでしっかりと混ぜる。
3 焼き型に入れて、オーブンで約35分焼く。
4 竹串などを真ん中に刺して、生地がついてこなければ焼き上がり。
5 粗熱が取れたらラップをして冷蔵庫入れる。1時間以上冷やしてからいただく。

おからの蒸し パン

Recipe 4

冷凍2週間

甘さ控えめにすれば、サンドイッチ用にもなる、
低糖質、食物繊維たっぷりの蒸しパン。

私の朝ごはんの
定番です♪

材料（直径10㎝のシール容器1個ぶん）

おからパウダー …… 15g
水 …… 40mℓ
ラカントS …… (好みに応じて) 大さじ1〜2
卵（Lサイズ）…… 1個

- お好みでバニラエッセンス、ラム酒、ココアパウダー、抹茶パウダーなどを加えて甘い蒸しパンとして楽しむのも◎
- 材料を混ぜて2分半レンチンするだけで完成する手軽さもGOOD！

作り方

1 ボウルにすべての材料を入れ、泡だて器でしっかりと混ぜる。パサついている場合は、しっとりするまで、少しずつ水（分量外）を加える。
2 1をシール容器に入れ、蓋を軽くのせて600Wの電子レンジで約2分半加熱する。
3 約2倍にふくらんだらOK。蓋をしたまま粗熱を取り、冷蔵庫などで保存する。

おからのポテサラ

Recipe 5

みんな大好き♡
糖質オフ、マヨネーズ控えめなのに、満足感ばつぐん!

材料（作りやすい分量）

生おから …… 200g
ゆで卵 …… 1個
ノンオイル ツナ缶 …… 1缶
キュウリ・玉ネギ …… 各1/2本（個）
マヨネーズ …… 大さじ3

A
- しょうゆ …… 小さじ1
- 酢 …… 大さじ2
- 豆乳または水 …… 大さじ4
- 塩 …… 小さじ1/2
- 胡椒 …… 少々
- ♥ すべて混ぜ合わせておく

作り方

1 キュウリはスライスして塩もみ。玉ネギはみじん切りして水にさらし、ゆで卵は粗く刻む。
2 ボウルにおからとA（混ぜ合わせた調味料）を入れ、よく混ぜる。
3 2にツナ缶を汁ごと入れて混ぜ、さらにキュウリと玉ネギ、ゆで卵を入れて混ぜる
4 3にマヨネーズを加えて混ぜたら出来上がり。

おからキッシュ

お弁当にも入れやすいキッシュ。
具材を変えればいろんなバリエーションも。

Recipe 6

冷蔵3日

冷凍2週間

定番は鮭とほうれん草入り♪

材料（直径15㎝のタルト型1台ぶん）

生おから …… 100g
卵 …… 2個
マヨネーズ …… 大さじ1
水または豆乳 …… 70～120㎖（固さを調整しながら使用）
溶けるチーズ …… 適量
好みの具材（チーズ、ハム、ブロッコリー、キノコ類など）

作り方

1 オーブンを180度に予熱し、ブロッコリーはゆで、キノコ類は軽く炒めておく。
2 ボウルにおから、卵、マヨネーズを入れてよく混ぜる。
3 2に水または豆乳を加え、絹ごし豆腐くらいのやわらかさになるよう調整する。
4 3に具材を入れてさっくりと混ぜ、塩コショウで味を整える。
5 4を耐熱性の容器に流し入れて、溶けるチーズをのせ、オーブンで30分焼いたら出来上がり。

糖質オフお好み焼き

生おからでもパウダーでもつくれるお好み焼き。
ポン酢で食べるとよりヘルシーに。

材料（1枚ぶん）

生おから …… 50g（おからパウダー使用の場合は大さじ2杯。1の工程は不要）
豆腐 …… 150g
キャベツ …… 100g
青ネギ …… 3本
卵 …… 1個
豚薄切り肉 …… 3〜4枚
だしの素 …… 小さじ1〜2
ソースまたはポン酢 …… 適量

♥ お好みでかつお節、青のりをトッピングしても。

作り方

1 生おからでつくる場合は、豆腐をキッチンペーパーにくるみ、電子レンジで1〜2分加熱して水切りしておく
2 キャベツは1cm角に切り、青ネギは小口切りにする。
3 ボウルに1と2、だしの素、卵を入れて混ぜる。
4 熱したフライパンに薄く油を引いて豚肉を広げ、上に3の生地を丸く形づくるようにのせる。
5 軽く押さえながら弱火で5分ほど焼く。焼き色がついたらひっくり返して、軽く押さえながら裏を焼く。
6 ソースやポン酢など、好みの味でいただく。

おからのハンバーグ

Recipe 6

冷凍2週間

みんなが大好きなハンバーグ。
たくさんつくってお弁当のおかずにも。

たくさん
タネをつくって
冷凍!

材料（3個ぶん）

生おから …… 100g
合い挽き肉 …… 200g
玉ネギ …… 1/2個
豆乳 …… 50mℓ
溶き卵 …… 1/2個
塩コショウ …… 適量
だしの素 …… 小さじ2

♥ お好みで大根おろしや
青ネギ、ポン酢など

作り方

1 玉ネギはみじん切りにして電子レンジで2分加熱し、冷ましておく。
2 ボウルに1とほかの全部の材料を入れ、よく混ぜる。
3 2を厚さ2cm程度の、好きな形に成形する。
4 薄く油を引いたフライパンに、成形した3を入れ、蓋をして中火で約5分を目安に焼く。肉の色が変わったらひっくり返す。
5 蓋をしてさらに5分程度焼く。真ん中に箸を刺し、透明な肉汁が出て来たら火が通っている。
6 お皿に盛りつけ、お好みで大根おろしやポン酢でトッピングして出来上がり。

COMPOSITION
NOTEBOOK
PENCO
COMPOSITION
NOTEBOOK

CHINAMI
Diet!

♥

Mind Care

今、この瞬間とだけ向き合う処方せん

心と体は強く結びついています。
グラグラと不安定な心だと体型も安定しなかったり、
イライラしていると食べすぎたり、逆に食べられなくなったり。
だからこそ、気持ちをフラットに、明るく保つことが大切。
そのためのキラーワードは「今、この瞬間」。
変われる自分になるために必要なのは、
今、この瞬間の今の自分。
たった、それだけなのです。

CHINAMIの

Mind Care

1

ネガティブを手放す方法

私がダイエットセミナーでいつもお話ししているのは、**「今、この瞬間、今の自分」を大切にしてください、**ということ。いつまでも過去を引きずったり、逆に未来のことを心配したりしていてももったいないと思うのです。

よくあるのは、「暴飲暴食しちゃった!」という後悔です。ダイエットがんばろう、やせてキレイになりたい、そう思っていたはずなのに、つい、おいしくて食べすぎちゃった。私って意志が弱い。だからやせられないし、何やってもダメなんだ……。そんなふうに自分を責めたり、後悔したりすること、誰でもあると思います。

でも、悔やんでも食べちゃったことは事実だし、たった1回の食べすぎくらいでは、人間そうそう簡単に太りません。**大切なのは、食べたあとをどう過ごすか**なのです。

逆に、未来への心配でよくあるのは「どうせ、やせられないから」というあきらめや、「ずっと今の私のままなの？」という不安。でも、それはまだ「起きてないこと」。そして、未来をつくっていくのは「今の自分」しかいないのです。

けど、そういう考えにとらわれているとき、「今、この瞬間、今の自分」を大切にしようと思っても、切り替えるのはなかなか大変です。そんなときは「マイノート」をつくってみませんか？ 不安やもやもやを解放して前に進むために、**今の悩みを書き出して、整理してみます。**そして、時間をおいてから「もし、この悩みを友人に相談されたとしたら」という角度から、あえて「他人事」として考えてみるのです。長い人生、こんな小さなことで悩んでいたらもったいない。そう思えればしめたもの。その悩みはこれで終わりです。

CHINAMIの

Mind Care

2

ダイエットにも引き寄せはある!

ほしいもの、なりたい自分を手に入れようと思ったら、**まずは願いましょう。**これが引き寄せの法則です。例えば、お金持ちになりたいと思ったら、お金持ちになっている自分をイメージするとお金持ちになった自分が引き寄せられます。ここで気をつけたいのは「お金がほしい」と念じないこと。「お金がほしい」状態を引き寄せてしまうからです。

ダイエットにも引き寄せはあります。**やせてキレイになった自分をイメージすることで、イメージした自分に近づきやすくなります。**この場合も同様で、「やせたい」「やせなきゃ」と思ってはダメ。「やせたい」状態=ダイエットしなければならない状態を引き寄せ、ダイエットとリバウンドのくり返しになってしまうからです。

また、「今回もどうせ、変われないだろう」と心のどこかで思っていると、変わらない状態が続きます。どうせダイエットに取り組むなら、少しでも**「やせてキレイになれる自分」を信じてみませんか？**

今の自分は、昨日までの自分の行動や考え方の結果です。同様に、今の自分の体型は、昨日までの自分の運動や食事の結果なのです。ほんの少し、1割でも食事を変えて、10分でもストレッチやマッサージをし続ければ、体は必ず変わります。そう信じて、ダイエットに成功したときの自分を強くイメージしてみてください。

「スキニーのデニムを履きこなしたい！」「顔やせしたら、髪をアップにしたい！」。そんな楽しいイメージのほうが、モチベーションもぐっと上がります。これこそが、**理想の体型を引き寄せるヒケツ**です。

CHINAMIの

Mind Care

3

好きなことワーク&日記

ポジティブを引き寄せ、いいイメージを膨らませるために書き出すことを「**好きなことワーク**」と呼んでいます。「好きなことワーク」には、目標は書きません。努力して達成したい「目標」ではなく、**「こうだったら楽しいだろうな」という「理想」**を書き出します。

私も昔、なりたい自分や好きなことがわかりませんでしたが「好きなことワーク」に取り組み、「理想の自分」を思い描くことができるようになりました。今、その理想は、次々と実現されています。**いいことは、さらなるいいことを引き寄せる**のです。ぜひ、楽しみながら取り組んでみてください。

＼ 夢はでっかく✦ ／

♥ "理想の私"を書き出してみよう ♥

これが理想の私！ 私がこんなだったら、こういうふうにしちゃう！
現実とかけ離れていても問題なし。
思いきり自由に「なりたい私」を書いてみましょう。

やってみたいこと
☆ジョンマスターのヘッドスパに行ってみたい

3か月後、こうなっていたい！
☆adidasのスパッツのXSを着たい

ほしいもの
☆新しいクロスバイク

好きなこと、物
☆Cafeでゆっくりする
☆本を読む

CHINAMIの

Mind Care

4

サボりたい日の処方箋

ダイエットも仕事も勉強も、何もしたくない日もあるもの。それは自分の体と心が「疲れちゃった。少し休もうよ」といっているサインです。

そんな日は「こんな私じゃダメ！」なんて思わずに、**思いっきり自分を甘やかして、いたわってあげてください。**キャンセルできる予定は全部キャンセルして、誰にも会わず、何にも気をつかわず、ただゆるゆると過ごします。

1日や2日、お休みしたところで大した影響はありません。そうしているうちにあなたの**体と心は元気を取り戻して、また自然に意欲がわいてくる**はず。大切なのは、せっかく充電した1日に対し罪悪感をもたないことです。

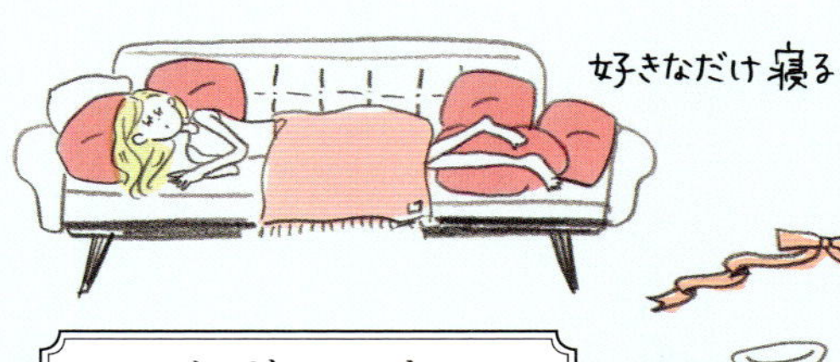

してもいいこと

あなたの体と心が喜ぶこと、リラックスできることだけを選んで、ゆったりした時間を過ごしましょう。

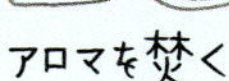

ごほうび♡

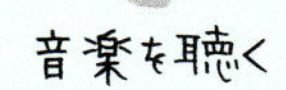

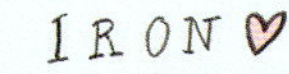

家事

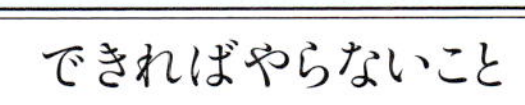

できればやらないこと

無意識のうちに義務感でしていること、リラックスの妨げになりそうなことはやらないようにしましょう。

やせる部屋づくり

部屋が散らかっていると、心も乱れがち。気力も出ず、流されるまま1日を過ごしてしまいます。そんなときは環境を先に整えてしまいましょう。心も一緒に整理されます。
私は、毎朝の雑巾がけと、月に2回の大断捨離を心がけています。雑巾がけは、部屋がキレイになるだけでなく、朝からいい運動にもなりますし、断捨離は本当に好きで大切なものだけが手元に残ります。
また、下着とタオルを新しいものに変えるサイクルを早めました。1か月1枚のペースで新調しても1年で12枚。タオルや下着は、いつも新しいものを。それだけで気分がグンとアップします。

✦ “魔法の部屋”のつくり方 ✦

「汚部屋の住人は、太る」というのは、真理です。
以下の3つのHOW TOで、やせる美部屋、
つまり「魔法の部屋」に変わります。

1 部屋の現状を写真に撮る

まずは現実を直視するために、部屋のありのままのようすを写真に撮りましょう。そして片づけのあとにも撮影して比較してみて。歴然と違いがわかるとモチベーションもアップ。

NEW

2 下着、化粧品、タオルはつねに新しいものを

「どうせ誰かに見せるわけじゃないから」なんて、古びたものや汚れたものを使っていませんか？新しくすると気分が明るくなり、自然に部屋もキレイにしたくなります。ぜひお試しを。

3 1か月limitの断捨離袋をつくる

捨てるか捨てないか迷ったものを入れる「1か月限定・断捨離袋」をつくりましょう。1か月のうちに使ったら取っておく、使わなかったら今後も使わないと判断し、思いきって処分します。

❤ おわりに ❤

この本を読んだ皆様へ。

今、どんな気持ちでいますか？ ストレッチ、エクササイズ、マッサージ、食事の改善……取り組む気持ちになってくれていると信じます。

少しでもやってみようという気持ちになってくれたなら、今すぐ、今日のぶんの10分をやってみてください。今すぐ、です。明日から、キリがいいから来週から……そんなふうに思っていたら、結局「やらない自分」「変われない自分」のままだからです。

たった10分、やって変われる自分。

本を読んだだけで、結局やらない自分。

あなたはどっちの自分を選びますか？

10分やったら、10分やっただけの結果が、毎日毎日積み重なっていきます。1か月後、3か月後、半年後……まとまった変化を実感できるときが、きっときます。そうすると「できる！」「変われる！」と、自分に自信がついて、前向きになれます。いろいろなことにチャレンジできて、人生がどんどんまわりはじめます。

大げさだと思いますか？

けど、たかがボディメイクだけど、ちゃんとやったら人生変わるんです。
少なくとも私の人生は変わり、どんどんいい方向にまわりはじめました。だから一生懸命、皆さんにお伝えしています。1日10分でいいから、絶対にやってほしい。心からそう思います。
もう一度、お伝えしますね。
このまま終わるのか、ちょっとでいいから取り組んで、人生を輝かせたいか。
あなたはどちらを選びますか？

この1冊の本が出来上がったのも、フォロワー・読者の皆様、クライアントの皆様、きっかけをくださったワニブックスの吉本さん、ヴュー企画の佐藤さん、携わってくださった木村さん、長谷川さん、福永さん、勝間さん、そしてアシスタントの皆様、全員のおかげです。心より感謝を申し上げます。
この本が広がることで、皆様に恩返しができますように。そしてこの本が、手に取ってくださった読者の皆様の、変われるきっかけとなりますように。

千波

衣装クレジット

白レーストップス、ピンクベロアショートパンツ／以上2点スタイリスト私物
グレーカーディガン ¥6,000／コクーニスト、インナー／スタイリスト私物
ピンクトップス¥4,800／コクーニスト
ブルーオールインワン¥16,000／グラズ ヨガ レスピレ新宿高島屋店
ブルーブラトップ（涙柄）¥5,900／ネイビーショートパンツ¥12,000／以上2点、グラズ ヨガ レスピレ新宿高島屋店
水色キャミソール、白ショートパンツ／以上2点スタイリスト私物
グリーン幾何学柄ブラトップ¥5,900／グラズ ヨガ レスピレ新宿高島屋店
グレーレギンス／スタイリスト私物
グレー柄ブラトップ¥8,500、グレー柄レギンス¥12,800／以上2点、グラズ ヨガ レスピレ新宿高島屋店

STAFF

装丁・本文デザイン	木村由香利（NILSON）
イラスト	田中麻里子
撮影	長谷川梓
スタイリスト	福永いずみ
ヘアメイク	勝間亮平
フードコーディネーター	大友育美
校正	深澤晴彦
編集	佐藤友美（ヴュー企画）
編集統括	吉本光里（ワニブックス）

**肥えグセが吹っとぶ
やせるストレッチ**

著者　千波

2018年1月30日　初版発行

発行者　横内正昭
編集人　青柳有紀

発行所　株式会社ワニブックス
〒150-8482
東京都渋谷区恵比寿4-4-9　えびす大黒ビル
電話　03-5449-2711（代表）
　　　03-5449-2716（編集部）
ワニブックスHP　http://www.wani.co.jp/
WANI BOOKOUT　http://www.wanibookout.com/

印刷所　株式会社 光邦
製本所　ナショナル製本

ISBN 978-4-8470-9648-8